REKORDE
auf unserer Erde

VERLAG WERNER DAUSIEN
HANAU

REKORDE AUF UNSERER ERDE
Idee und Zusammenstellung: Kliment Ondrejka
Fotos: P. Breier (87, 102), J. Kaiser (36), F. Kele (46, 48, 72, 79, 109, 146, 155, 157, 167, 168), I. Lacika (31), F. Martiš (141), P. Plesník (84, 129, 133), P. Princ (68), M. Tesák (93), F. Zatkalík (117), Archiv
© 1991 Slovenská kartografia, Bratislava
Herstellung Verlag Slovart, Bratislava 1996
© 1996 der deutschen Ausgabe
VERLAG WERNER DAUSIEN • HANAU
ISBN 3-7684-2548-7

INHALT

	Seite	
EINLEITUNG	6–7	
DAS SONNENSYSTEM	8–13	
DIE ERDE	14–17	
ERDE – Physische Karte	18–19	
DIE OZEANE	20–33	
DIE BINNENGEWÄSSER	34–55	
KONTINENTE UND INSELN	56–67	
DIE LANDFLÄCHEN	68–93	
ERDE – Klima	94–95	
EUROPA	96–111	
ASIEN	112–121	
AFRIKA	122–135	
NORDAMERIKA	136–147	
SÜDAMERIKA	148–159	
AUSTRALIEN UND OZEANIEN	160–171	
ANTARKTIKA	172–181	
Register	183–191	

EINLEITUNG

Die Erde aus einer Höhe von 36 000 km

Unsere Erde ist nur ein Staubkorn im riesigen Weltraum, dessen Größe wir uns gar nicht richtig vorstellen können. Sie ist jedoch ein einzigartiger und sehr interessanter Planet, ein lebender Organismus, der verschiedenen Gesetzmäßigkeiten und Kräften unterliegt, die in seinem Inneren, auf seiner Oberfläche und auf seine Lufthülle wirken. Diese Kräfte verursachen kurzfristige Veränderungen und setzen lange Prozesse in Gang, sie haben die Oberfläche geformt und gestalten sie immer noch.

Mit den Gesetzmäßigkeiten, den Ursachen und Folgen der Prozesse, die in der Natur verlaufen, befassen sich viele naturwissenschaftliche Fachrichtungen. Wir wollen in unserem Buch nicht die Vorgänge untersuchen und bewerten, sondern die Ergebnisse, wie sie sich heute darstellen. Das Buch dokumentiert die geographischen Eigenheiten des Planeten in ihrer jeweils ausgeprägtesten Form. Diese Rekorde sind stichwortartig beschrieben und mit Karten, Fotos und Tabellen ergänzt.

In verschiedenen Publikationen sind oft abweichende Zahlen zum gleichen geographischen Phänomen zu finden. Das ist teilweise auf unterschiedliche Meßmethoden zurückzuführen, manchmal haben die natürlichen Bedingungen sich geändert, oder die Ansichten, wo die Grenzen einer geographischen Erscheinung zu sehen sind, weichen voneinander ab. Einige Parameter, wie die Größe eines Sees, schwanken auch mit der Jahreszeit. Bei der Auswahl der Werte gingen wir jeweils von den neuesten oder am häufigsten vertretenen Angaben aus.

Die einzelnen Stichwörter sind zu Themenkreisen zusammengefaßt. Der erste Teil widmet sich dem Sonnensystem, den Rekorden unter den Planeten und dem Mond. Darauf folgen Informationen über die Erde als Ganzes, ihre Chemie, die Atmosphäre, die Verteilung von Land und Wasser. Die Ozeane, die Gewässer der Kontinente und die Eisflächen bieten viele Daten für Rekorde, ebenso die geographischen Erscheinungen der Landflächen, wie Berge und Wüsten, Inseln und Vulkane, Höhlen und Täler. Der letzte Teil des Buches ist den einzelnen Kontinenten mit ihren Rekorden gewidmet, wobei die Rekorde der Erde bei den Kontinenten, zu denen sie gehören, nicht mehr angegeben sind.

Die Sonne

Vollständige Sonnenfinsternis

Sonne ☉ – Zentraler Körper des Sonnensystems, eine glühende Kugel, zusammengesetzt aus ionisierten Gasen. Im Rahmen des Kosmos ein relativ kleiner und mäßig alter Stern. Grundquelle der Energie auf der Erde. Bestandteil der Galaxie (ältere Bezeichnung: Milchstraße), einer von ihren 150 Milliarden Sternen, etwa 30 000 Lichtjahre vom Zentrum der Galaxie entfernt, am inneren Rand eines ihrer spiralenförmigen Arme. Kreist um den Kern der Galaxie mit einer Geschwindigkeit von 250 km/s. Ein Umlauf dauert 250 Millionen Jahre. Die Sonne dreht sich um die eigene Achse, aber zum Unterschied von festen Körpern mit ungleicher Geschwindigkeit, je nach Entfernung von ihrem Äquator. Die mittlere Rotationszeit beträgt 25,38 Tage.

Zusammensetzung der Gase: überwiegend Wasserstoff (etwa 70 %) und Helium (27 %).
Durchmesser: 1 392 000 km, das sind 109 **Erddurchmesser**
Volumen: $1,412 \cdot 10^{27}$ m³, das sind 1 300 000 Erdvolumen
Masse: $1,983 \cdot 10^{30}$ kg, das sind 330 000 Erdmassen
Durchschnittliche Dichte: 1,41 g/cm³, etwas mehr als die Dichte des Wassers
Alter: etwa 5 Milliarden Jahre
Temperatur an der Oberfläche: 6 000 K, im Zentrum 13 000 000 K (0 K = –273,15 °C)

Die ersten Kenntnisse über die Sonne sind aus dem 3. Jahrhundert v. Chr. überliefert, von Aristarchos aus Sama. Das heliozentrische System, das besagt, daß die Planeten um die Sonne kreisen, begründete erst Nikolaus Kopernikus in der 1. Hälfte des 16. Jahrhunderts.
Die erste gute Fotografie der Sonne machten J.B.L. Foucault und A.H.L. Fizeau 1845 in Paris. Seit 1858 wird die Oberfläche täglich fotografiert.

Das Sonnensystem

Es wird gebildet durch die **Sonne**, alle Körper, die sie umkreisen, und den Raum, in dem sich die Bewegung realisiert. Dazu gehören 9 Planeten: **Merkur, Venus, Erde, Mars, Jupiter, Saturn, Uranus, Neptun** und **Pluto**. Das sind größere Körper, die durch die Rückstrahlung des Sonnenlichtes leuchten. Außer ihnen kreist um die Sonne eine riesige Menge von kleineren Körpern als natürliche Satelliten der Planeten: **Monde** (44), kleine Planeten − **Asteroide** (50 000), **Meteroite** und **Kometen** (900). Ihre Bewegung im Sonnensystem wird durch das Gesetz der Anziehungskraft bestimmt, und der Anteil am Gesamtgewicht des Sonnensystems ist unscheinbar.

Planet	Mittlere Entfernung von der Sonne (Mill. km)	Entfernung von der Erde (Mill. km)		Umlaufzeit (in Jahren)	größter Durchmesser (in km)	Volumen (Erde = 1)	Masse (Erde = 1)	Abplattung	Anzahl von Monden	Oberflächentemperatur (°C)
		kleinste	größte							
Merkur	57,9	79	220	0,24	4 920	0,055	0,053	-	-	+430 △ / −170 ▲
Venus	108,2	40	259	0,62	12 100	0,91	0,815	-	-	+480
Erde	149,6	-	-	1,00	12 756	1,000	1,000	1/296	1	+15 ●
Mars	227,9	57	390	1,88	6 800	0,150	0,107	1/192	2	−50 ●
Jupiter	778,3	590	964	11,86	142 700	1 317,0	318,0	1/16	16	−130 ■
Saturn	1 428	1200	1650	29,46	120 800	762	95,22	1/10	17	−185 ■
Uranus	2 872	2585	3150	84,01	52 900	50	14,55	1/40	5	−215 ■
Neptun	4 498	4300	4680	164,79	49 200	42	17,23	1/50	2	−200 ■
Pluto	5 910	2275	7550	247,7	3 000	etwa 1,3	0,003	-	1	−230

△ Tagesseite   ▲ Nachtseite   ● durchschn.   ■ Wolkenobfl.

Rekorde der Planeten

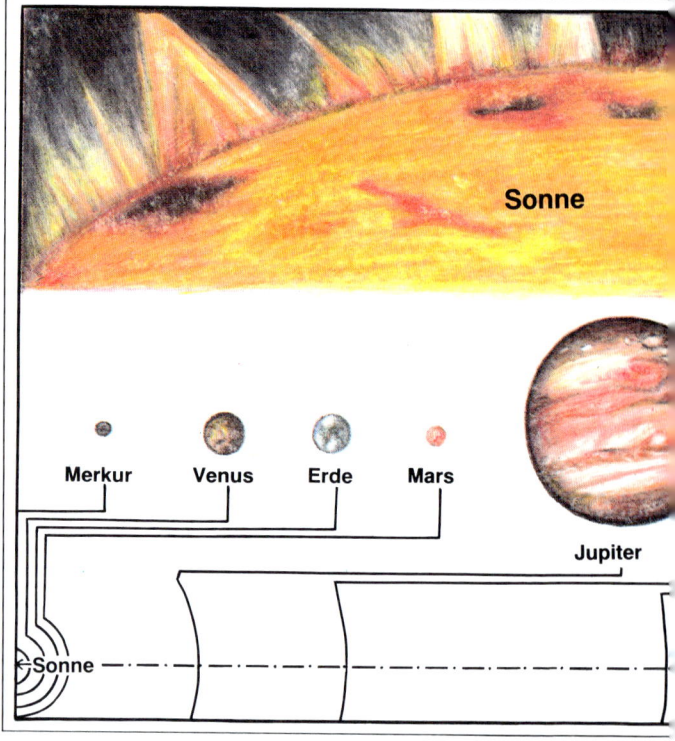

Grösse der Planeten und ihre Entfernung von der Sonne

Das hellste Objekt am Himmel nach Sonne und Mond ist die **Venus** (Abendstern, Morgenstern). In Größe (äquatorialer Durchmesser 12 100 km) und Masse (0,815 der Erdmasse) ist sie unserem Planeten am ähnlichsten.
Der Sonne am nächsten ist **Merkur**, mittlere Entfernung **57,9 Mill. km.**
Der entfernteste Planet ist **Pluto**, mittlere Entfernung zur Sonne **5910 Mill. km.**
Der Erde am nächsten kommt die **Venus**, bis **40 Mill. km.**
Am längsten kreist **Pluto** um die Sonne mit **247,7 Jahren**, **am kürzesten Merkur** mit **0,241 Jahren.**
Am langsamsten dreht sich die **Venus** um ihre eigene Achse in **243 Tagen**, am schnellsten **Jupiter** in **9,9 Stunden.**
Der größte Planet **Jupiter** hat einen äquatorialen Durchmesser von **142 700 km**, **der kleinste** Planet **Pluto** hat einen äquatorialen Durchmesser von **3000 km.**

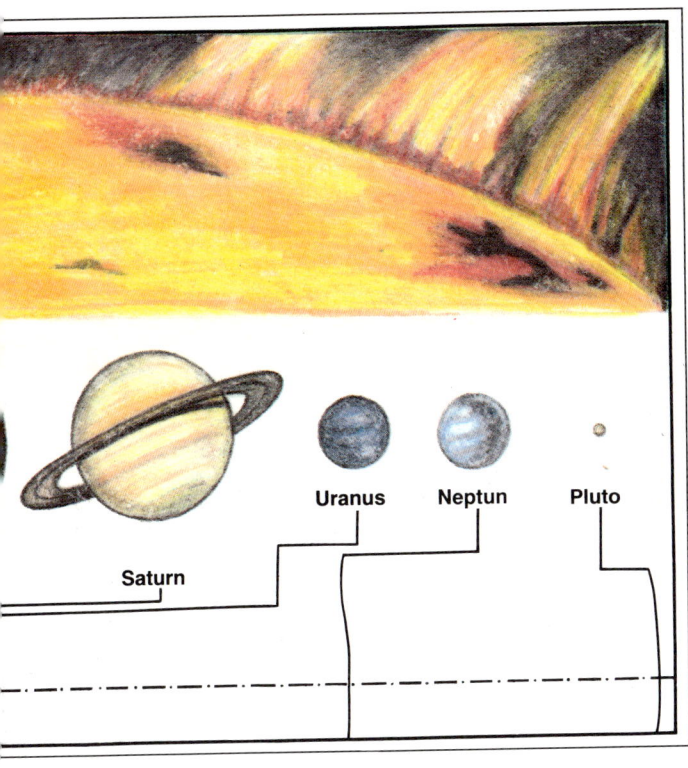

Der dünnste Planet ist **Saturn** mit einer Dichte von **0,705 g/cm³**, **der dichteste Merkur** mit einer Dichte von **5,534 g/cm³**.
Die höchste Oberflächentemperatur von **+480 °C** wurde auf der **Venus** verzeichnet, **die niedrigste** von **-230 °C** auf dem **Pluto**.
Die größten täglichen Temperaturunterschiede hat der **Merkur, von -170 °C** auf der abgewandten **bis zu +430 °C** auf der beleuchteten Seite.
Der Planet mit der **größten Anzahl von Satelliten** ist **Saturn.** Er hat **17** Satelliten, die Angaben über 5 weitere sind nicht sicher.
Zu den einzigartigen Oberflächenerscheinungen gehört ein Gebilde auf dem Mars, der Vulkan **Olympus Mons** mit einem Durchmesser von 500–600 km und einer Höhe von 26 ± 3 km sowie ein Krater auf der Oberfläche von Mimas (Mond von Saturn), 9 km tief.

Der Mond

Erdzugewandte Seite des Mondes

Der **Mond** ● ☽ ○ ☾ ist der einzige natürliche Satellit der Erde.
Mittlere Entfernung von der Erde: 384 400 km, max. 406 700 km, min. 364 000 km
Umlaufgeschwindigkeit 3680 km/h
Durchmesser 3476 km (0,27 des Erddurchmessers)
Alter 4430 ± 20 Mill. Jahre
Der Mond hat keine ideale Kugelform. Durch die gebundene Rotation (Zeit der Umdrehung um die eigene Achse gleicht der Zeit des Umlaufs um die Erde) ist er immer mit derselben Seite uns zugewandt. Er hat kein Wasser und keine Atmosphäre, die **Temperaturen** schwanken zwischen **+130 °C** (Tag) und **-185 °C** (Nacht). Er hat kein Magnetfeld. Er leuchtet durch die Rückstrahlung des Sonnenlichts. Die Veränderung der Lage zu Erde und Sonne bewirkt die Mondphasen: Neumond, erstes Viertel, Vollmond, zweites Viertel. Die sichtbaren lichteren „Landflächen" und die dunkleren „Meere" am Mond entstehen durch unterschiedliche Fähigkeit der Gesteine, das Licht zu reflektieren. Die vielfältige Oberfläche wird charakterisiert durch die Mondmeere von erstarrter Lava, durch Krater verschiedener Größe nach dem Aufprall von Meteoriten, durch Gebirge und Furchen.
Die erste Aufnahme der abgewandten Seite des Mondes stammt von Lunik 3 im Jahre 1959. Der erste künstliche Satellit des Mondes wurde Luna 10 im Jahre 1966. Die ersten Menschen auf dem Mond waren N. Armstrong und E. Aldrin (USA), 20. 7. 1969.

Der größte Krater an der erdzugewandten Seite des Mondes ist der Krater **Bailly** in der Nähe des südlichen Pols mit einem Durchmesser von **295 km. Der größte Mondkrater**, das **Östliche Meer** (Mare Orientale) mit einem Durchmesser von **965 km**, befindet sich auf der erdabgewandten Seite. **Der tiefste Krater** ist **Newton** mit einer Tiefe von **7000–8850 m. Der höchste Punkt** wurde von den amerikanischen Kosmonauten 1972 im Krater **Descartes (7830 m)** gemessen.
Die größten Erfolge bei der Erforschung des Mondes: Lunik 1, 2. 1. 1959, flog am Mond in einer Entfernung von 100 000 km vorbei; Lunik 2, 13. 9. 1959, erste Landung auf dem Mond; **Ranger 7**, 31. 7. 1964, 4308 Aufnahmen; **Ranger 8**, 20. 2. 1965, 7137 Aufnahmen; **Ranger 9**, 24. 3. 1965, 5814 Aufnahmen; **Luna 9**, 3. 2. 1966, die erste sanfte Landung; **Surveyor 1**, 2. 6. 1966, 11 147 Aufnahmen; **Lunik 13**, 24. 12. 1966, 3 Panoramaaufnahmen; **Surveyor 3**, 20. 4. 1967, 6300 Aufnahmen; **Surveyor 5**, 11. 9. 1967, 18 000 Aufnahmen; **Surveyor 6**, 10. 11. 1967, 30 000 Aufnahmen; **Surveyor 7**, 10. 1. 1968, 21 000 Aufnahmen; **Apollo 11**, 20. 7. 1969, Armstrong, Aldrin, Collins; **Apollo 12**, 19. 11. 1969, Conrad, Bean, Gordon; **Luna 16**, 21. 9. 1970, Entnahme einer Gesteinsprobe; **Luna 17**, 17. 11. 1970, Lunochod 1; **Apollo 14**, 5. 2. 1971, Shepard, Mitchell, Roosa; **Apollo 15**, 30. 7. 1971, Scott, Irwin, Worden; **Luna 20**, 21. 2. 1972, Entnahme von Gesteinsproben im bergigen Gebiet; **Apollo 16**, 21. 4. 1972, Young, Duke, Mattingly; **Apollo 17**, 11. 12. 1972, Cernan, Schmitt, Evans; **Luna 21**, 15. 1. 1973, Lunochod 2; **Luna 24**, 18. 8. 1976, automatische Entnahme von Gesteinen.
Die intensive internationale Erforschung des Mondes wurde nach 1976 vorübergehend eingestellt.

Phasen und Rotation des Mondes

Die Erde

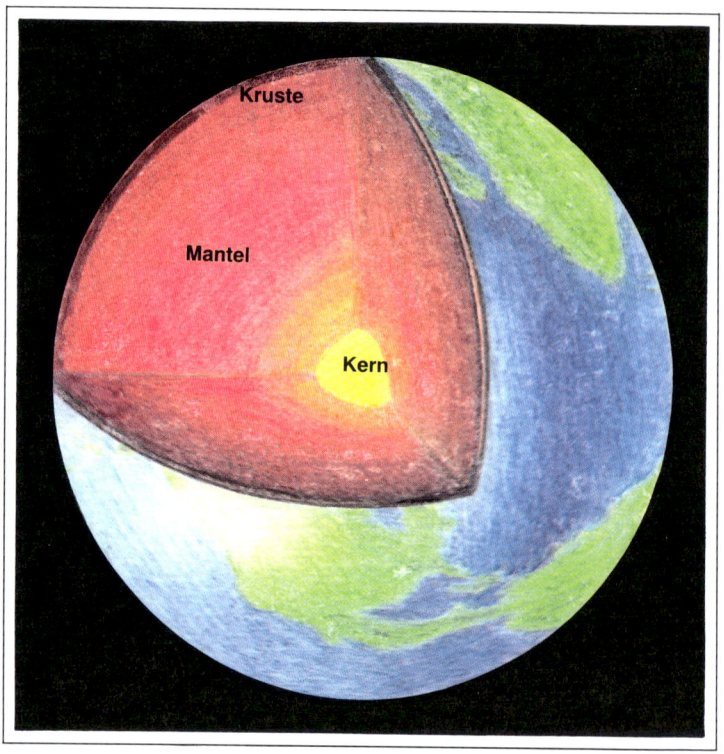

Aufbau der Erde

Die **Erde** ♁ ist der dritte Planet des Sonnensystems
Mittlere Entfernung von der Sonne: 149 600 000 km
                                    maximal: 152 000 000 km
                                    minimal: 147 000 000 km
Äquatorialer Halbmesser: 6378 km
Polarer Halbmesser: 6357 km
Volumen: $1{,}083 \cdot 10^{12}$ km^3
Masse: $5{,}978 \cdot 10^{24}$ kg
Dichte: 5,515 g/cm^3
Oberfläche: 510 083 000 km^2, davon Meeresfläche: 361 455 000 km^2
                                    Landfläche: 148 628 000 km^2
Alter: 4430 ± 20 Mill. Jahre

Die Erde ist ein fester Körper mit unregelmäßiger Kugelform (Geoid). Sie hat eine gegliederte Oberfläche mit einer durchschnittlichen Höhe von 790 m über dem Meeresspiegel. Um die Sonne kreist sie mit einer durchschnittlichen Geschwindigkeit von 29,8 km/s, ein tropisches Jahr dauert 365 T. 5 St. 48 Min. 46 Sek. Die Bewegung verursacht den Wechsel der Jahreszeiten. Die Rotation um die eigene Achse dauert 23 St. 56 Min. 4,09 Sek., als Folge wechseln Tag und Nacht.
Erster künstlicher Satellit der Erde: Sputnik I (UdSSR), 4. 10. 1957

Chemische Zusammensetzung der Erdoberfläche:	
Sauerstoff	49,13 %
Silizium	26,00 %
Aluminium	7,45 %
Eisen	4,20 %
Kalzium	3,25 %
Natrium	2,40 %
Kalium	2,35 %
Wasserstoff	1,00 %
Titan	0,61 %
Kohlenstoff	0,35 %
Chlor	0,20 %
Phosphor	0,12 %
Mangan	0,10 %
Schwefel	0,10 %
Fluor	0,08 %
Barium	0,05 %
Stickstoff	0,04 %

Chemische Zusammensetzung des Meerwassers:	
Sauerstoff	85,820 %
Wasserstoff	10,720 %
Chlor	1,890 %
Natrium	1,056 %
Magnesium	0,140 %
Schwefel	0,088 %
Kalzium	0,041 %
Kalium	0,038 %
Brom	0,006 %
Kohlenstoff	0,002 %

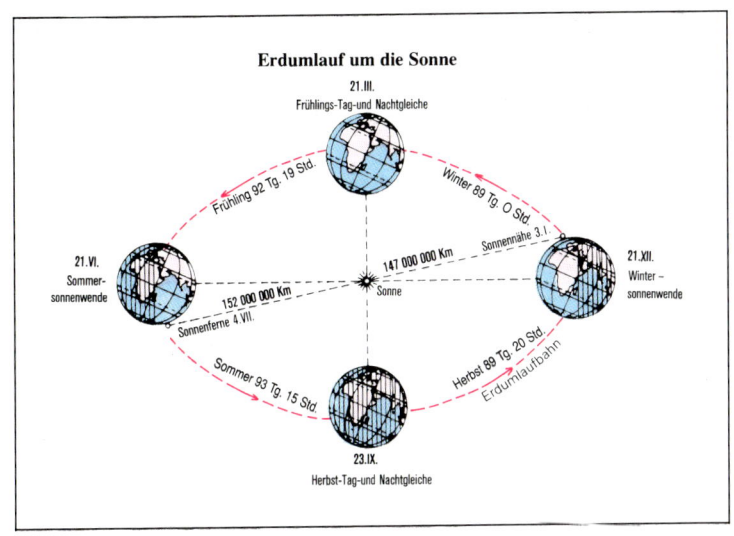

Zusammensetzung der Atmosphäre

Die Lufthülle der Erde ist aus Schichten mit verschiedenen physikalischen und chemischen Eigenschaften zusammengesetzt. Ihr gesamtes Gewicht beträgt $5,29 \cdot 10^{18}$ kg. Sie absorbiert 52 % der Sonnenenergie, schützt aber die Erde vor Wärmeverlust. Die Troposphäre bildet 80 % der Gesamtmasse der Atmosphäre. In ihr kommt es durch die ungleichmäßige Erwärmung der Luft zu meteorologischen Erscheinungen.

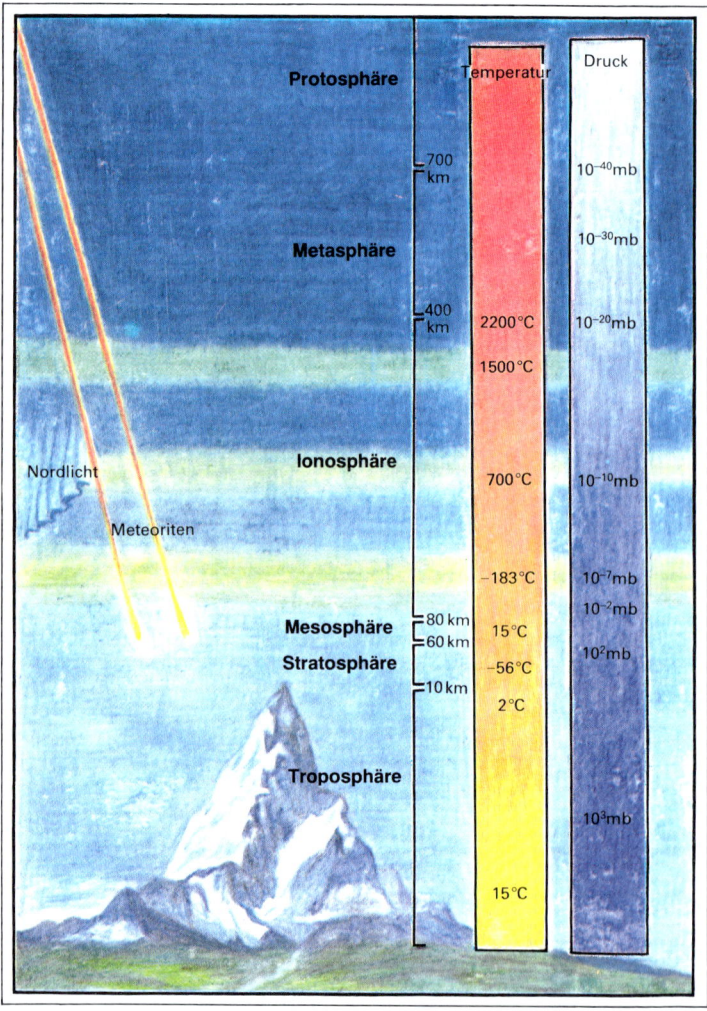

Aufbau der Atmosphäre

Verteilung der Gewässer

Die **Hydrosphäre** (die Wasserhülle der Erde) wird gebildet vom Wasser der Ozeane und Meere und dem Wasser auf der Oberfläche der Trockengebiete. Dazu gehört auch das Wasser, das in Gletschern und Organismen gebunden ist, das Boden- und Grundwasser und das atmosphärische Wasser.

Wasser ist die häufigste chemische Verbindung auf der Erdoberfläche, es befindet sich in einem ständigen Kreislauf. Sein Gesamtvorrat beträgt 1360 Mill. km^3. Vorrangige Bedeutung hat das Grundwasser als Trinkwasserquelle, die Flüsse und Seen als Energiequelle und zusammen mit dem Boden- und atmosphärischen Wasser als Feuchtigkeitsquelle.

In der Hydrosphäre entstand das erste Leben auf der Erde, von dort verbreiteten sich vom Anfang des Paläozoikums die tierischen und pflanzlichen Organismen an das Festland.

Schema der Wasserverteilung

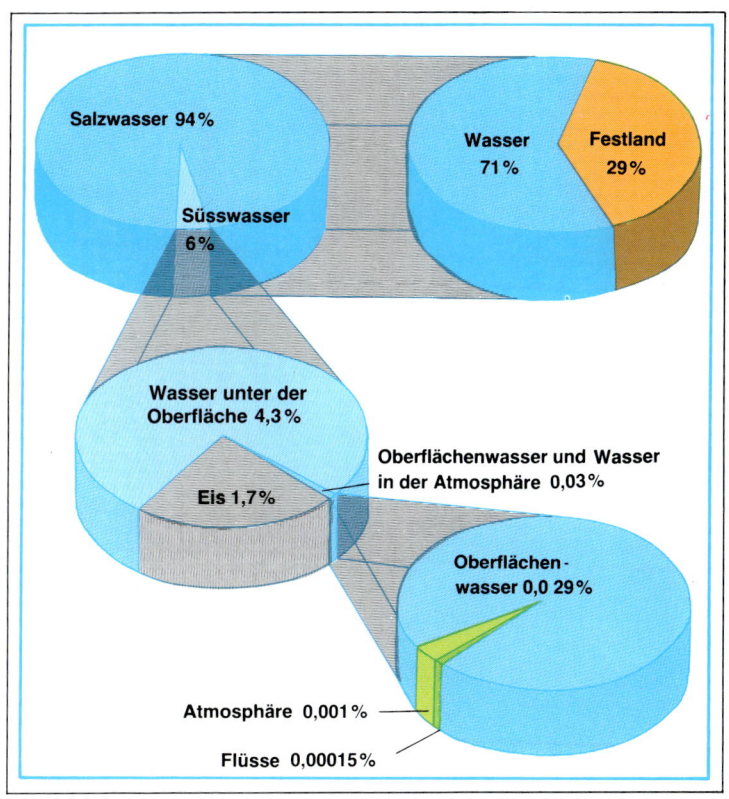

Erde – *Physische Karte*

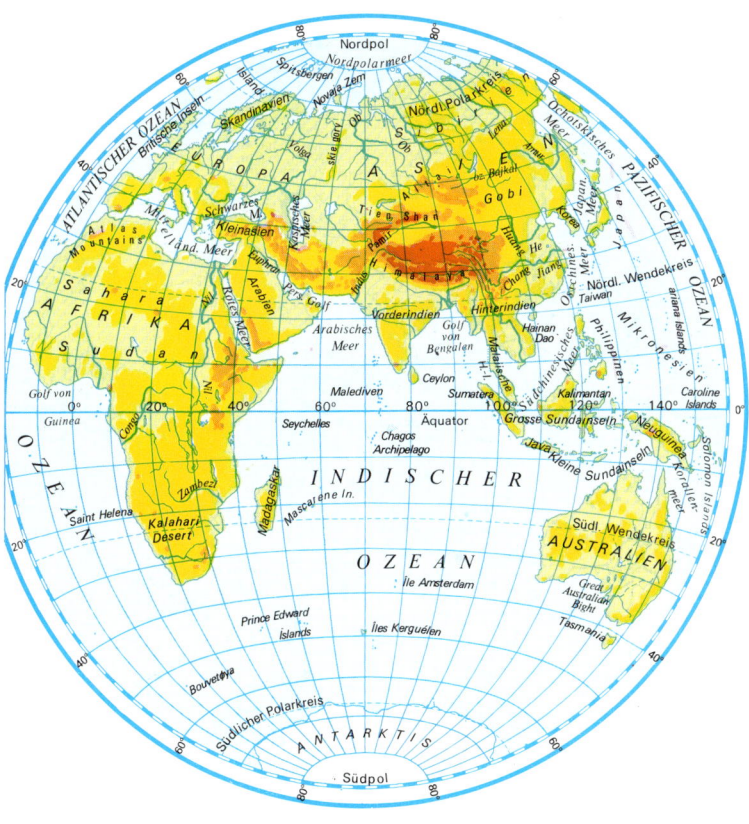

Der Weltozean

Die größte durchgehende Wasserfläche auf der Erde; enthält 94 % des Wasservolumens der Erde und bedeckt 70,92 % der Oberfläche. Auf der nördlichen Halbkugel bildet er 61 % und auf der südlichen 81 % der Oberfläche. Die durchschnittliche Tiefe beträgt 3930 m. Die größte Tiefe erreicht er in den Unterseegräben, die kleinste in den Schelfen. Die Kontinente und Inseln teilen ihn in einzelne Ozeane, Meere, Buchten und Meeresstraßen mit unterschiedlichen Eigenschaften. Die erste Aufteilung in 5 Ozeane nahm der holländische Geograph Bernhard Varenius im Jahre 1650 vor, im 20. Jahrhundert wurden auf Grund ozeanischer Forschungen 4 Ozeane anerkannt.

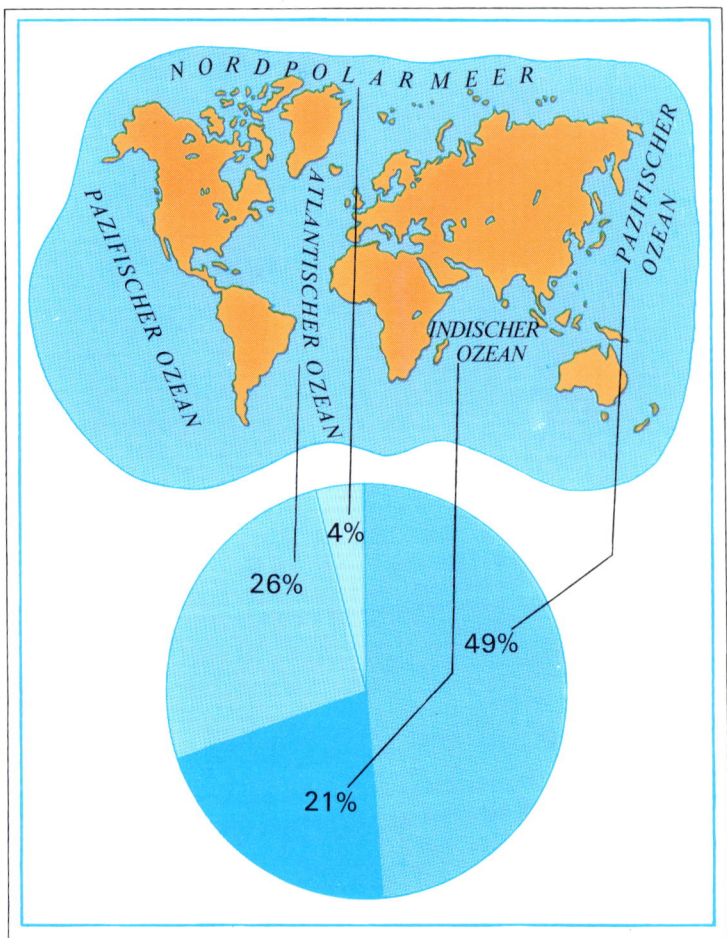

Rekorde der Ozeane

Pazifischer Ozean

Der größte Ozean hat eine Fläche von **179 389 000 km^2** (etwa die Hälfte des Weltozeans) und ein Volumen von 722 579 000 km^3. **Der tiefste** von allen Ozeanen erreicht eine durchschnittliche Tiefe von **4020 m**, die maximale Tiefe ist **11 034 m**.
Der spanische Eroberer Vasco Nuñez de Balboa sah ihn 1513 als erster Europäer nach der Durchfahrt der Landenge von Istmo de Panamá und benannte ihn Südmeer.
Den Namen Pazifischer Ozean benutzte zum ersten Mal der portugiesische Seemann Fernão de Magalhães, der ihn 1520/21 als erster überquerte.

Das Nordpolarmeer

Der kleinste Ozean hat eine Fläche von **13 950 000 km^2** und ein Volumen von 17 100 000 km^3.
Von allen Ozeanen ist er **der seichteste**. Seine durchschnittliche Tiefe ist **1328 m**, maximal 5450 m.
Der kühlste Ozean hat eine Oberflächentemperatur des Wassers von **-1,8 °C** im Winter und **-1,5 °C** im Sommer.
Die Eisdecke ist im Winter etwa 11 Mill. km^2 (9/10 seiner Fläche), im Sommer etwa 8 Mill. km^2 groß.
In den Jahren 1903 bis 1905 fuhr als erster der Norweger Roald Amundsen um die Küste von Nordamerika von Osten nach Westen. Um die Küste Eurasiens von Westen nach Osten fuhr erstmals 1932 der Eisbrecher Sibiriakov und eröffnete so den nördlichen Meeresweg.

Indischer Ozean

Der salzigste Ozean der Welt. Der durchschnittliche Salzgehalt beträgt mehr als **36,5 ‰**, im Persischen Golf und im Roten Meer steigt er sogar bis auf **40,5 ‰**.
Er ist von allen Ozeanen **der wärmste**. Fast in allen geographischen Breiten hat er die höchste Oberflächenwassertemperatur.
Den nördlichen Teil des Ozeans charakterisieren die regelmäßigsten Wetterveränderungen, verursacht durch den tropischen Monsun.
Der Portugiese Vasco da Gama entdeckte im Jahre 1497/98 den Seeweg von Europa nach Indien um das Kap der guten Hoffnung.

Die größte Tiefe des Ozeans

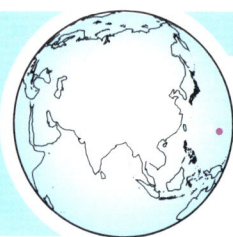

Marianengraben, 11 034 m
Pazifischer Ozean, 340 km südwestlich von der Insel Guam. Länge 2550 km, durchschnittliche Breite 70 km, Fläche 17 000 km², Volumen 98 000 km³.
Zum ersten Mal 1951 vom britischen Schiff „Challenger" genau vermessen, der Breitbandecholokator bestimmte die Tiefe auf 10 863 m. Im Jahre 1959 stellte das sowjetische Forschungsschiff Vitiaz mit Hilfe eines Mehrbandecholots eine Tiefe von 11 034 m fest. Die neuesten Messungen der Japaner unter der Schirmherrschaft der UNESCO bestimmten 1984 die größte Tiefe mit 10 942 ± 10 m.
Am 23. 1. 1960 stiegen der Schweizer Jacques Piccard und der Amerikaner Donald Walsh im Bathyskaph Trieste in die Tiefe von 10 917 m und blieben dort 20 Minuten.

Maximale Tiefen der Ozeane und Meere

Die Ozeane erreichen ihre maximale Tiefe in engen, länglichen Vertiefungen tektonischen Ursprungs, die sich meistens am Rand, in den sogenannten Tiefseegräben befinden. **Die meisten und zugleich die tiefsten Gräben** sind im **Pazifischen Ozean.**

Pazifischer Ozean:
Marianengraben	11 034 m
Tongagraben	10 882 m
Philippinengraben	10 830 m
Ogasawaragraben	10 595 m
Kurilengraben	10 542 m
Japangraben	10 374 m
Kermadecgraben	10 047 m
Vulkangraben	9 156 m

Atlantischer Ozean:
Puerto-Rico-Graben	9 219 m
Süd-Sandwichgraben	8 428 m
Romanchegraben	7 856 m
Caymangraben	7 725 m

Indischer Ozean:
Javagraben	7 725 m
Diamantinatiefe	7 102 m

Nordpolarmeer:
Nansenbecken	5 450 m
Eurasisches Becken	5 220 m

Die tiefsten Meere entstanden in den Gebieten der größen Brüche der Erdkruste. Die größten Tiefen erreichen die Randmeere der Ozeane, deren Boden die Unterseebecken bilden, besonders wenn sie von Tiefseeklüften umgeben sind:

Philippinenmeer	Pazifischer Ozean	**10 830 m**
Korallenmeer	Pazifischer Ozean	**9 174 m**
Karibisches Meer	Atlantischer Ozean	**7 491 m**
Weddellmeer	Atlantischer Ozean	**6 820 m**
Tasmansee	Pazifischer Ozean	**5 944 m**

Tiefstes Binnenmeer tektonischen Ursprungs:
Mittelländisches Meer	Atlantischer Ozean	**5 121 m**

Die seichtesten Meere sind die Schelfmeere, die durch Überflutung von flachen Teilen der Festlandküsten entstanden:

Ostsibirische See	Nordpolarmeer	**155 m**
Ostsee	Atlantischer Ozean	**470 m**
Barentssee	Nordpolarmeer	**610 m**
Nordsee	Atlantischer Ozean	**725 m**

Die geringste maximale Tiefe hat das Binnenmeer **Azovskoe more** (Asowsches Meer), das eine seichte Festlandvertiefung ausfüllt, mit **14,5 m**.

Das größte Meer

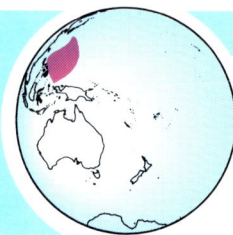

Philippinenmeer Fläche 5 726 000 km²
Pazifischer Ozean Volumen 23 522 000 km³

Zwischen den Philippinen und Nansei-shoto (Ryukyu) im Westen, den Japanischen Inseln im Norden, Ogasawara-gunto (Bonin-Inseln), Kazan-retto (Vulkaninseln) und Marianen im Osten, Karolinen im Süden.

Die größte Bucht

Golf von Bengalen Fläche **2 172 000 km²**
 Volumen **5 664 000 km³**
Indischer Ozean zwischen Vorder- und Hinterindien.
Maximale Tiefe 3835 m, durchschnittliche 2585 m.
Das mächtigste Delta der Welt unter dem Meeresspiegel.
Das Gebiet mit den stärksten Zyklonen. Die Katastrophe
des Jahrhunderts verursachte ein Zyklon im Jahre 1970. Er
dauerte 15 Stunden, dabei kam eine halbe Million Menschen
ums Leben, weitere Millionen kamen um die Ernte und wurden
obdachlos.
Die längste Küste hat die **Hudson Bay** in Nordkanada. Ihre Länge beträgt **12 268 km**, die
Fläche ist jedoch nur 822 300 km².

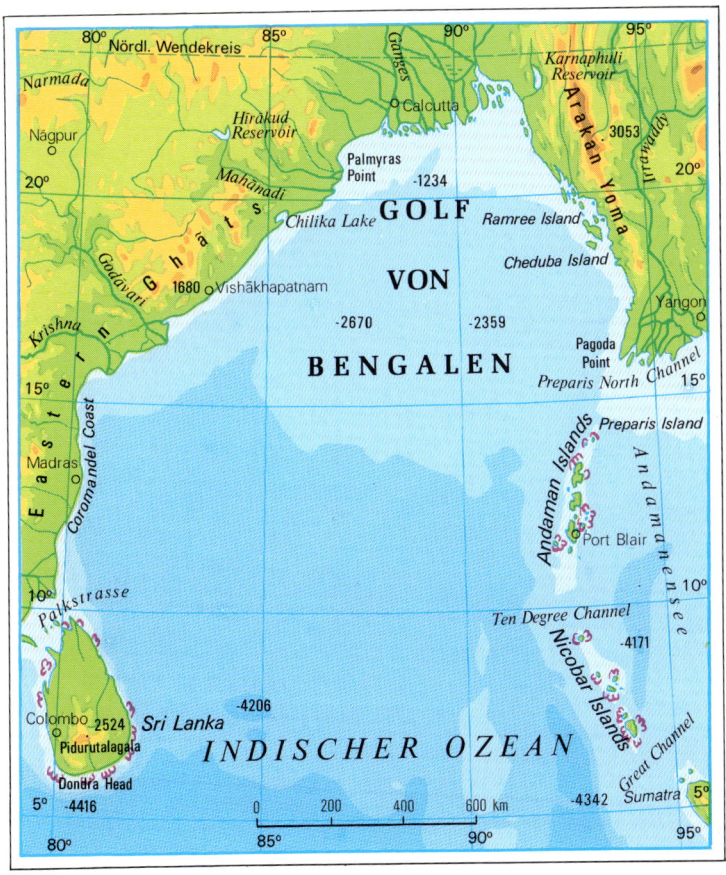

Die größten Meere und Buchten

Das Meer ist ein Teil des Ozeans, umgeben von Festland oder Inseln. Als Bucht betrachtet man einen Ausläufer eines Ozeans, eines Meeres oder eines Sees, der weit in das Festland eindringt. Die Klassifikation ist nicht ganz einheitlich, manche betrachten auch die großen Buchten als Meere (Golf von Bengalen, Golf von Mexiko und weitere). Ein Unterschied liegt in der Art der Wasserzirkulation. Während in Meeren die Zirkulation des Wassers mehr oder weniger verlangsamt ist, hat die Bucht einen freien Wasseraustausch. Das gilt aber nicht für alle Buchten (Persischer Golf, Hudson Bay und weitere). Meere und große Buchten haben ihr eigenes Wassersystem und vom angrenzenden Festland abhängige spezifische Eigenschaften. Das Festland beeinflußt vor allem ihr Klima und die Menge des zufließenden Flußwassers, die chemischen und physikalischen Eigenschaften des Wassers.

Name	Fläche 10^3 km^2	Volumen 10^3 km^3	Maximale Tiefe m	Durchschnittliche Tiefe m
Pazifischer Ozean	179 680	723 699	11 034	3 780
Philippinenmeer	5 726	23 522	10 830	4 188
Korallenmeer	4 791	11 470	9 174	2 243
Südchinesisches Meer	3 537	3 622	5 559	1 024
Tasmansee	3 336	10 960	5 944	3 285
Beringmeer	2 315	3 796	4 191	1 640
Ochotskisches Meer	1 603	1 316	3 916	821
Japanisches Meer	1 062	1 630	3 699	1 535
Atlantischer Ozean	91 655	329 700	8 648	3 597
Weddelmeer	2 910	8 375	6 820	2 878
Karibisches Meer	2 776	6 745	7 491	2 429
Mittelländisches Meer	2 505	3 603	5 121	1 438
Golf von Mexiko	1 554	2 366	4 376	1 522
Labradorsee	841	1 596	4 316	1 898
Nordsee	565	49	725	87
Schwarzes Meer	422	555	2 210	1 315
Ostsee	419	215	470	51
Indischer Ozean	76 170	282 600	7 725	3 710
Arabisches Meer	4 592	14 514	5 803	3 160
Golf von Bengalen	2 191	5 664	3 835	2 585
Arafurasee	1 017	157	3 680	154
Rotes Meer	460	182	3 039	396
Nordpolarmeer	13 950	17 100	5 450	1 328
Barentssee	1 405	322	610	254
Europäisches Nordmeer	1 383	2 408	4 487	1 724
Grönländisches Meer	1 205	1 740	4 848	1 497
Ostsibirische See	936	42	155	45
Hudson Bay	822	92	258	128
Baffin Bay	780	593	2 414	861

Der entfernteste Ort vom Festland ist ein Punkt im Pazifischen Ozean (48°30' s.Br. und 125°30' w.L.), der 2670 km von der nächsten Küste entfernt ist, von der Küste der Insel Pitcairn und dem Kap Dart in der Antarktika. Die Wasserfläche, begrenzt durch einen Kreis um diesen Punkt und durch die nächsten Festlandteile, würde eine Fläche von 22 421 500 km^2 ausmachen, das ist mehr als die doppelte Fläche von Europa.
Der südlichste Punkt des Ozeans liegt auf 85°34' s.Br. und 154° w.L., am Hang des Gletschers Scott Glacier in der Antarktika, 490 m vom Südpol.

Die längste Meeresstraße

Malakkastraße, 780 km (je nach Quelle bis 1000 km)
Meeresstraße zwischen der Malaiischen Halbinsel und Sumatra, verbindet Andamanensee und Südchinesisches Meer.
Breite 36 km, minimale Tiefe 13 m.
Bedeutender Seeweg, den schon der italienische Weltreisende Marco Polo in der 2. Hälfte des 13. Jahrhunderts bei seiner Rückkehr aus China nutzte.
Manche Quellen betrachten den Tatarischen Sund als die längste Meeresstraße (800 km). Er trennt die Insel Sachalin von Asien.

Breiteste interkontinentale Meeresstraße

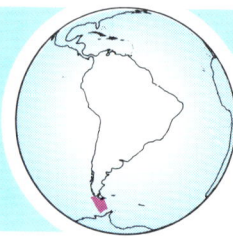

Drakestraße, 950 km (minimale Breite)
Meeresstraße zwischen Feuerland (Südamerika) und South Shetland Islands (Antarktika), verbindet den Pazifischen und den Atlantischen Ozean.
Tiefste Meeresstraße der Welt mit einer maximalen Tiefe von über 5000 m.
Kühles Wetter, häufige Gewitter.
Benannt nach dem englischen Seefahrer Francis Drake, der sie bei seiner Fahrt um die Welt im Jahre 1578 als erster durchfuhr.

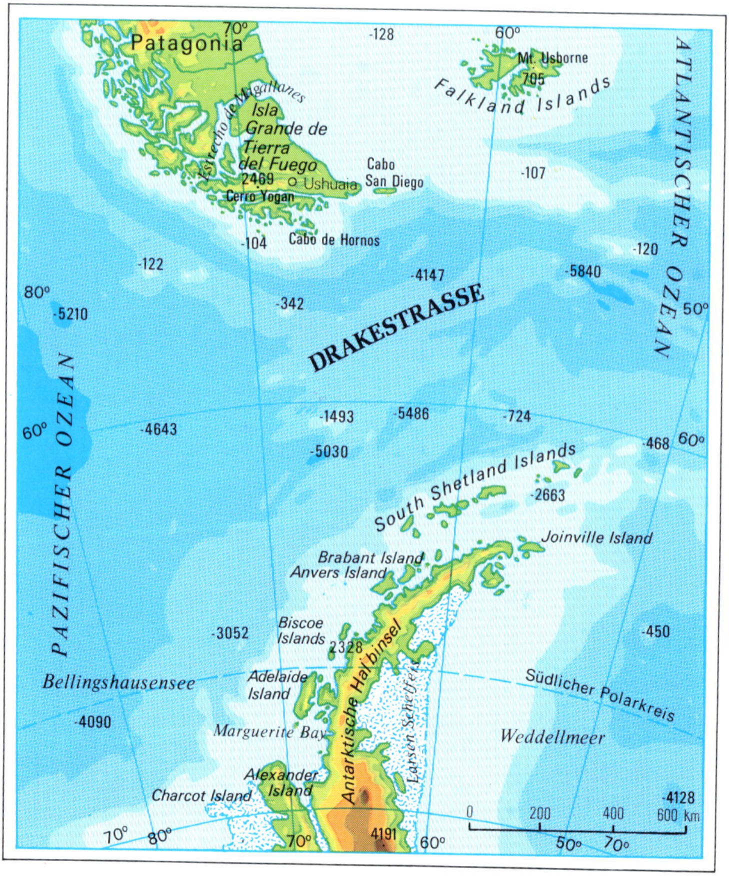

Engste interkontinentale Meeresstraße

Istanbul Bogazi (Bosporus), 750 m (minimale Breite)
Meeresstraße zwischen Asien und Europa, verbindet das Schwarze und das Marmarameer.
Staat: Türkei
Maximale Breite 3,7 km, minimale Tiefe 27,5 m, Länge 30 km.
Überflutetes Flußbett mit hohen steilen Ufern und vielen Buchten.

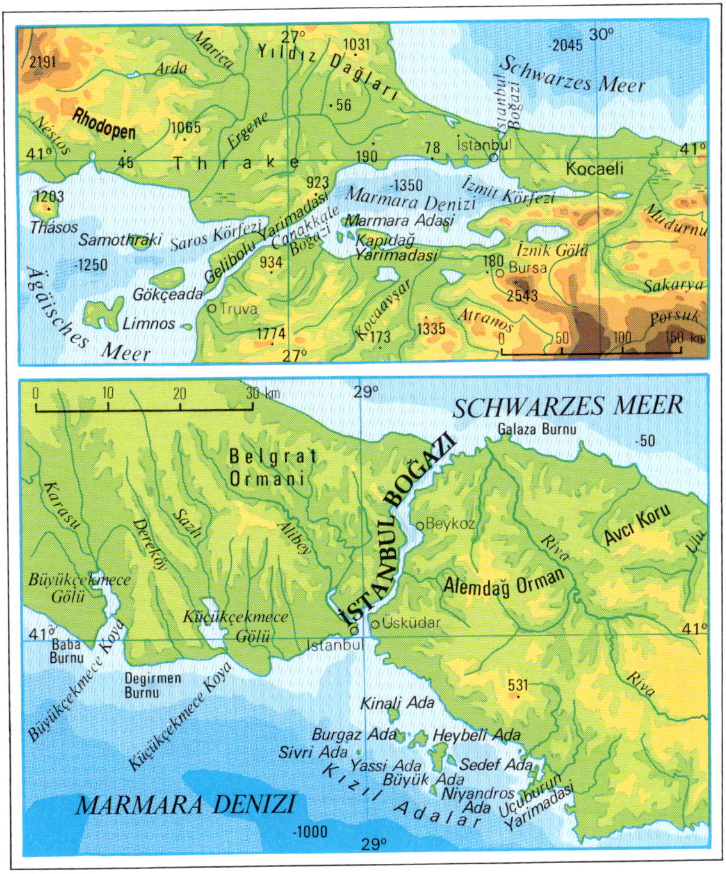

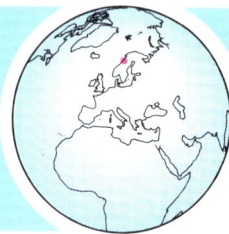

Mächtigster Fjord

Vestfjorden, 255 km lang*
Europa, Staat: Norwegen
Bucht zwischen der nordwestlichen Küste Norwegens und der Inselgruppe Lofoten.
Die Küsten der Inseln und des Festlandes sind felsig und horizontal stark gegliedert.
*Als **längster** gilt **Nordvestfjord**, ein Arm des Scoresby Sound in Ostgrönland, **313 km** lang (S. 58).

Fjorde

Ein Fjord ist ein spezieller Typ einer Meeresbucht, gebildet durch Gletschertätigkeit. Er charakterisiert Meeresküsten, die vor nicht langer Zeit vereist waren. Er ist eng und lang, hat steile Ufer und reicht weit ins Festland. Der Meeresspiegel, in den die Gletscher abstiegen, war in den Eiszeiten viel niedriger, darum sind die Fjorde so tief. Das Wasser, getrennt von dem angrenzenden Meer durch die Felsschwelle, die gewöhnlich den Boden des Fjords schließt, ist wenig durchlüftet und arm an Lebewesen.
Fjorde gibt es an der Küste von Norwegen, Schottland, Alaska, Patagonien (Chile), Neuseeland und Antarktika.

Tiefe einiger Fjorde

Name	Gebiet	Maximale Tiefe m
Vanderfjord	Antarktika	2 287
Skelton Inlet	Antarktika	1 933
Sognefjorden	Norwegen	1 308
Canal Mesier	Chile	1 288
Baker Canal	Chile	1 244
Upernavik Icefjord	Grönland	1 055
Chatham Strait	Alaska	883
Hardangerfjorden	Norwegen	870

Länge norwegischer Fjorde

Name	Länge km
Vestfjorden	255
Sognefjorden	187
Hardangerfjorden	170
Trondheimsfjorden	124
Varangerfjorden	120
Porsangerfjord	120
Oslofjorden	100

Typischer Fjord — Geiranger (Norwegen)

Höchste Meeresflut

Bay of Fundy, 19,6 m
Nordamerika, Staat: Kanada
Die Bucht ist tief eingekeilt zwischen dem Festland und der Halbinsel Nova Scotia an der Ostküste von Kanada. Die Halbinsel entdeckte im Jahre 1498 der Italiener Giovanni Caboto, sie wurde von Franzosen besiedelt und sie benannten sie Akadia.

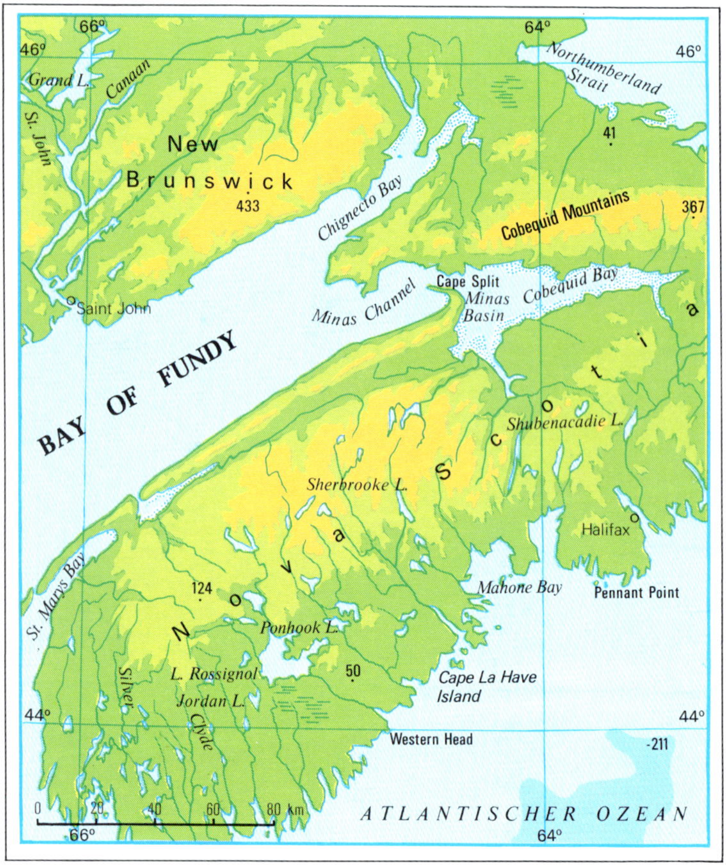

Die Flut

Die Flut ist ein regelmäßig sich wiederholendes Ansteigen des Meeresspiegels. Hervorgerufen wird sie durch die Anziehungskräfte des Mondes und in geringerem Maße auch der Sonne auf unsere Erde. Sie verursachen periodische Veränderungen der Verteilung der Erdmasse, die sich am stärksten durch die Veränderungen des Meeresspiegels und des Wasserspiegels der Ozeane äußern. Die Flut entsteht an der dem Mond zugewandten Seite und zugleich auch an der abgewandten Seite der Erdoberfläche.
Wenn sich die Sonne und der Mond in einer Linie mit der Erde befinden, kommt es zur sogenannten Springflut. Wenn die drei Körper in rechteckiger Stellung sind, entsteht eine niedrige sogenannte taube Flut. Beide Fluten wiederholen sich zweimal im Monat.
Die Reichweite der Flutwellen ist zum Beispiel im Amazonas bis 850 km, im Chang Jiang 750 km, im St. Lawrence über 700 km.
In der Vergangenheit verursachten sie weitreichende Schäden besonders in Buchten mit ebenen Küsten oder im Tieflanddelta mancher Flüsse.

Schema der Entstehung der Gezeiten

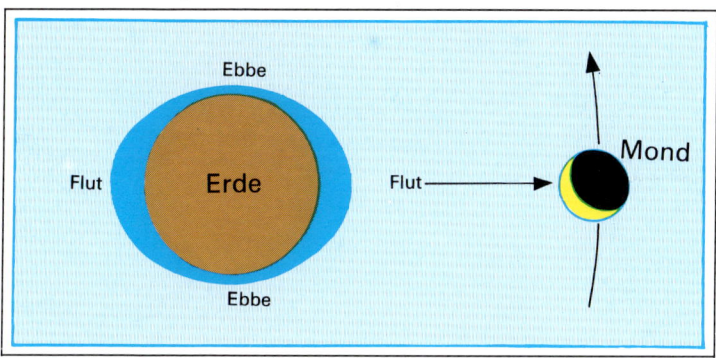

Orte mit den höchsten Fluten

Name	Staat	Höhe der Flut m
Bay of Fundy	Kanada	19,6
Mündung des Gallegos	Argentinien	18,0
Frobisher Bay (Baffin Island)	Kanada	17,4
Mündung des Severn	Großbritannien	16,3
Granville	Frankreich	14,7
King Sound	Australien	14,4
St. Malo	Frankreich	14,1
Penžinskaja guba	Rußland	13,2
Golf von Khambhat	Indien	12,5
Mündung des Colorado	Mexiko	12,1

Der längste und mächtigste Fluß

Amazonas (mit Ucayali und Apurimac), **7025 km**
  das größte Stromgebiet, 7 050 000 km²
  der größte mittlere Durchfluß, 110 000 m³/s,
  bei Überschwemmungen 200 000 m³/s
  das größte Delta, 100 000 km², Breite bei der
  Mündung über 200 km
  1450 km des Grundstromes erreichen eine
  durchschnittliche Tiefe von 90 m
Südamerika, Staat: Brasilien, Peru

Durch den Fluß fließt 1/5 des gesamten Süßwassers auf der Erde.
Bei der Mündung versüßt er das Meerwasser noch in einer Entfernung von 400 km.
In den Fluß münden mehr als 200 Flüsse.
Zur Zeit des tropischen Regens steigt der Wasserspiegel bis um 20 m.
Den Namen nach dem sagenhaften Kriegerstamm der Amazonen prägte der spanische
Weltreisende Francisco de Orellana, der den Fluß 1542 entdeckte.

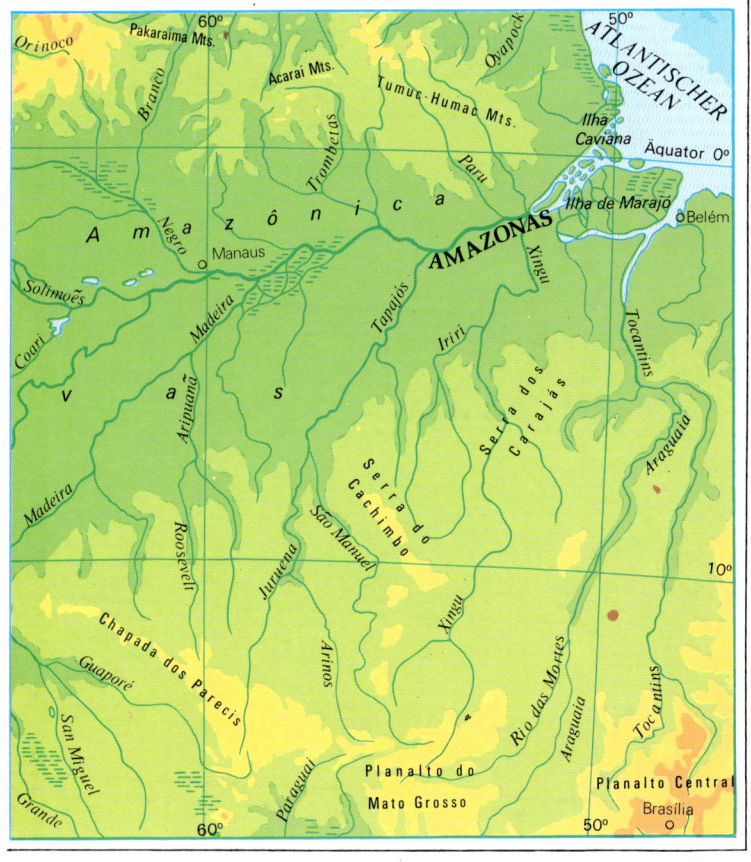

Flüsse

Die Flüsse führen jährlich 37 100 km³ Wasser ins Meer.
Am meisten Flußsedimente transportiert das Flüssepaar **Ganges-Brahmaputra** mit einem gemeinsamen Delta (Indien, China, Bangladesch), bis zu 1800 Mill. Tonnen jährlich.
Den größten Schwankungen in den Wasservorräten unterliegen die asiatischen Flüsse des Monsungebietes, **Chang Jiang, Brahmaputra, Mekong**, die ihr Volumen zur Zeit des Regens 10 bis 20 mal vergrößern. **Am längsten eingefroren** ist der Strom **Lena** (Rußland), etwa 7,5 Monate im Jahr. **Die kürzesten Flüsse** sind **Aril** (Italien), 84 m, und **Roe River**, ein Zufluß des Missouri (USA, Montana), **61 m**.

Amazonas bei Manaus

Die mächtigsten Ströme

Name	Durchfluß in m³/s (bei der Mündung)			Kontinent
	durchschn.	Min.	Max.	
Amazonas	110 000	72 000	280 000	Südamerika
Kongo/Zaire	42 000	23 000	90 000	Afrika
Rio de la Plata	40 000	12 000	50 000	Südamerika
Chang Jiang	31 000	4 000	80 000	Asien
Mississippi	17 545	5 000	56 000	Nordamerika
Jenisej	15 930	-	-	Asien
Mekong	15 900	3 000	31 000	Asien
Lena	15 411	-	-	Asien
Brahmaputra	14 889	3 105	62 000	Asien
Orinoco	14 000	7 000	25 000	Südamerika
Irrawaddy	14 000	-	-	Asien
Ob	12 500	-	-	Asien
Niger	12 000	6 000	25 000	Afrika
Ganges	11 096	6 600	56 000	Asien
Amur	10 800	-	-	Asien

Die größte Flußinsel

Ilha de Marajó, 42 000 km²
Südamerika, Staat: Brasilien
Die Insel liegt in der trichterförmigen Mündung des Amazonas, gebildet durch Flußablagerungen. Sie vergrößert sich ständig.
Die Oberfläche ist meist sumpfig, durchbrochen von Flußkanälen.
Der Arm Rio do Para ist 60 m breit und bildet die Hauptschifffahrtstraße des Amazonas.

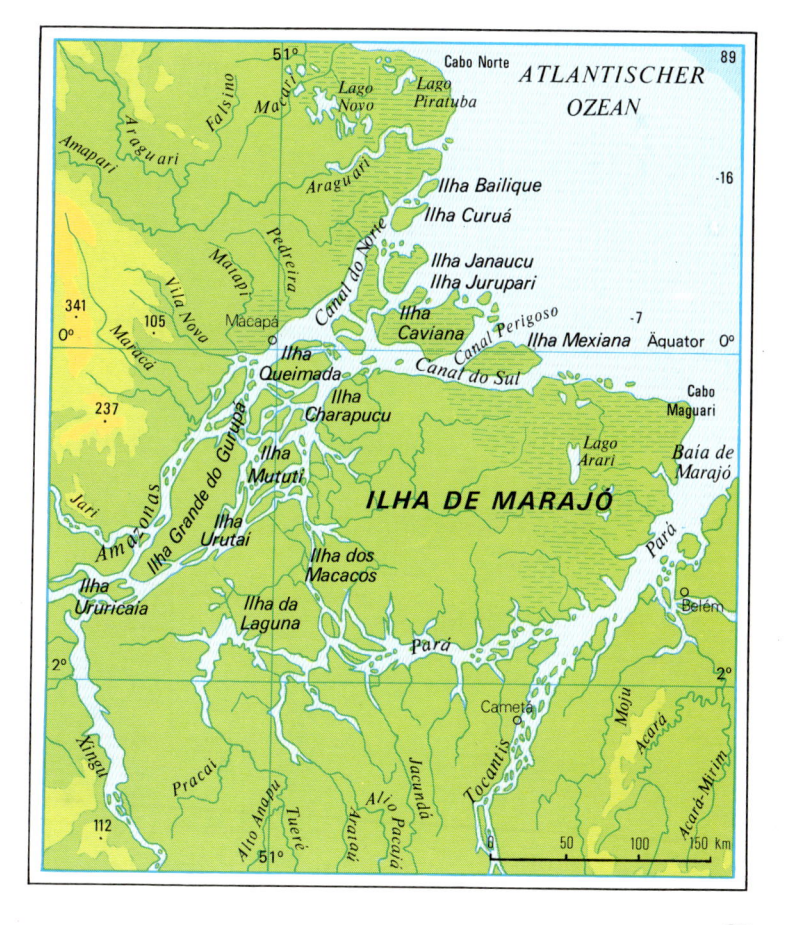

Der größte See

Kaspisches Meer, 371 000 km²
Asien/Europa, Staat: Rußland, Kasachstan, Turkmenistan, Iran, Aserbaidschan
Länge 1200 km, mittlere Breite 320 km, maximale Tiefe 1025 m.
See ohne Abfluß, Rest des Sarmat-Meeres aus dem Tertiär.

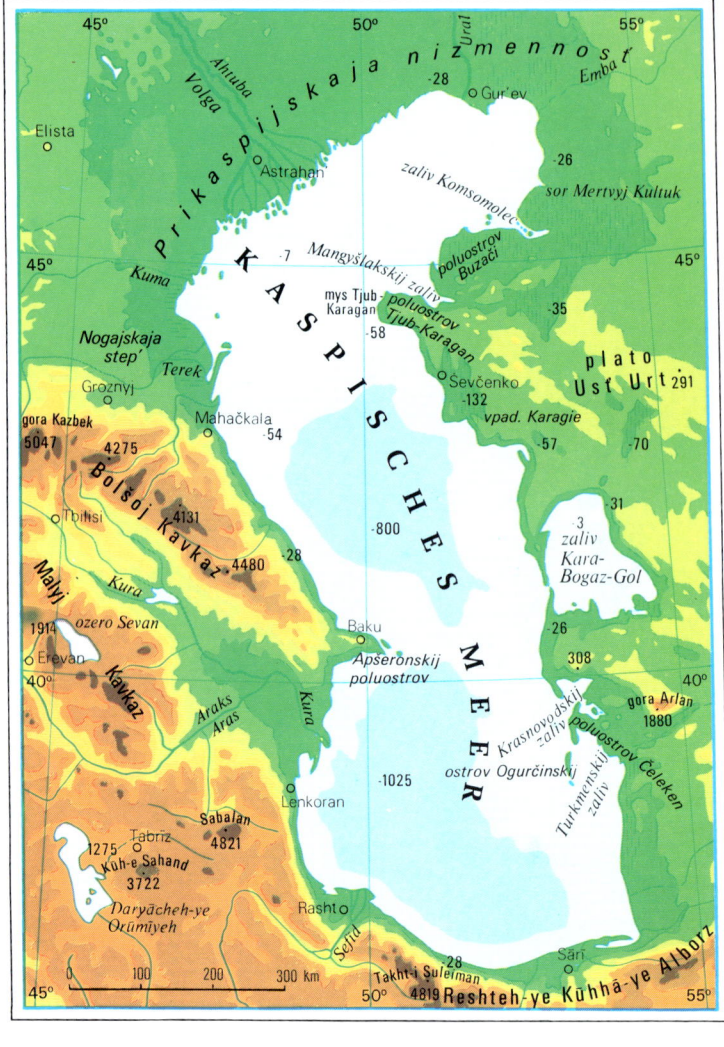

Der tiefste See

Ozero Bajkal (Baikalsee), 1620 m (maximale Tiefe)
Asien, Staat: Rußland
Länge 636 km, maximale Breite 79 km, Volumen
23 000 km³.
Größter Trinkwasserspeicher (1/5 des Weltvolumens).
Der See hat tektonischen Ursprung und ist umgeben von
hohen Gebirgen.
Ihn speisen 336 Flüsse, nur einer fließt ab (Angara).
Das Wasser ist klar, wenig mineralisiert; etwa 1200 Arten von Lebewesen gibt
es hier (davon 3/4 nur hier), 600 Pflanzenarten.

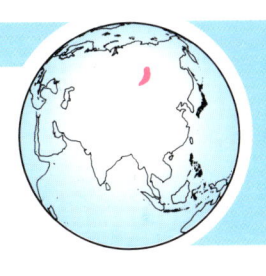

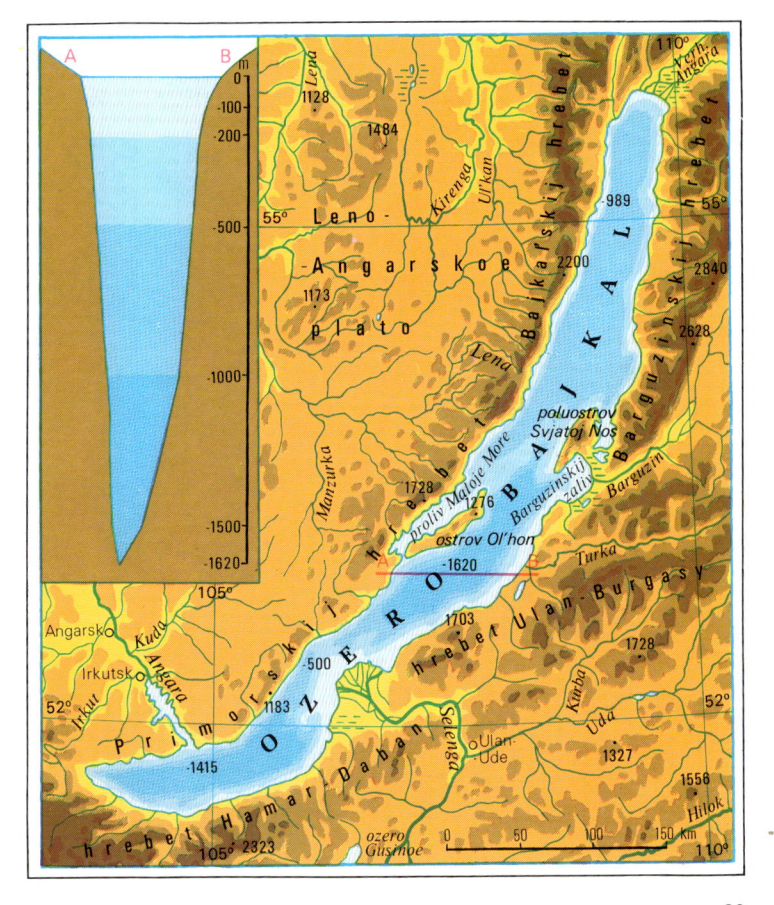

Der größte Süßwassersee

Die großen Seen, zusammen **245 274 km²**
(Lake Superior, Huron, Michigan, Erie, Ontario)
Nordamerika, Staat: USA, Kanada
Die Seen haben tektonischen und Gletscherursprung, das Wasser fließt über den Saint Lawrence River in den Atlantischen Ozean.
Der größte, Lake Superior, hat eine Fläche von 82 388 km², der kleinste, Lake Ontario, 19 529 km².
Der tiefste, Lake Superior, hat eine maximale Tiefe von 393 m, der seichteste, Lake Erie, nur 64 m.
Die größte Höhenstufe, 100 m, entfällt auf die Niagara Falls zwischen Lake Erie und Lake Ontario.

Seen

Die Seen sind natürliche Wasserbehälter auf dem Festland, die nicht mit dem Meer zusammenhängen. Sie füllen Vertiefungen der Erdoberfläche aus, deren Unterlage wasserundurchlässiges Gestein bildet.
Dem Ursprung nach unterscheiden wir ausgehöhlte, gestaute Seen, Reliktseen und gemischte Seen. Ausgehöhlte Seen sind tief und beständig. Sie entstanden durch die Gletschereinwirkung auf die Gesteinsunterlage, durch Wasser- und Winderosion, durch Einsturz von Höhlendecken, in Kratern durch Vulkanausbrüche, in Brüchen und tiefen Depressionen, gebildet durch tektonische Tätigkeit.
Gestaute Seen entstanden beim Absperren eines Tales durch Moränen, Gletscher, Lava, Meeres- und Flußanschwemmungen, eventuell durch den Absturz eines Abhangs. Reliktseen stellen die Reste von ehemaligen Meeren dar, die als Folge der Bewegung der Erdkruste oder einer Veränderung der Wasserfläche vom Meer getrennt wurden. Die gemischten Seen entstanden durch Kombinationen der angeführten Erscheinungen und bilden die zahlreichste Gruppe.

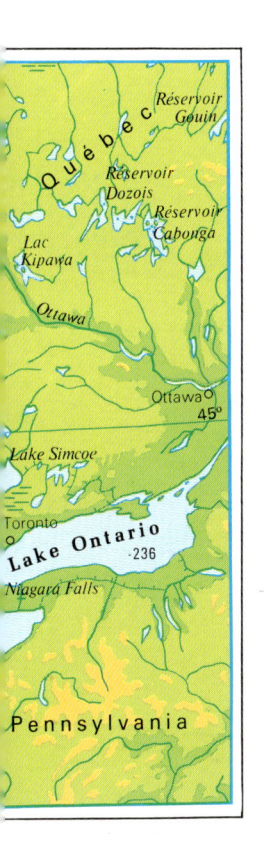

Die meisten Seen befinden sich in den Gebieten der ehemaligen Vereisung in den nördlichen Teilen des amerikanischen und europäischen Festlandes und in hohen Gebirgen.
Die Zusammensetzung des Seewassers hängt vor allem von den Abflußmöglichkeiten ab. Süßwasserseen mit niedrigem Salzgehalt sind in Gebieten mit feuchtem Klima. Sie werden meist gleichmäßig versorgt und entwässert durch Flüsse. In den Seen ohne Abfluß in trockenem Klima, wo das Verdampfen in der Regel den Zufluß durch Flüsse übersteigt, sammelt sich Salz, und es entstehen Salzseen.

Den größten Zuwachs verzeichnete der **Great Salt Lake** in den USA, von 3900 km² im Jahre 1981 auf 6475 km² im Jahre 1988. **Der Wasserspiegel stieg um mehr als 3 m an.**
Am meisten verringerte sich die **Seefläche** beim **Aralsee** (Kasachstan, Usbekistan). Seit 1958 **verkleinerte sich seine Fläche um 37 %**, wobei der **Wasserspiegel um 12 m sank.**
Der salzhaltigste See ist der **Güsgundag-See** in der Türkei. **In einem Liter Wasser** sind bis zu **368 g Salz** gelöst.
Als **höchstgelegener See** gilt ein namenloser Gletschersee am Mt. Everest in einer Höhe von **5880 m ü.d.M.**, **als größter unterirdischer See Lost Sea** in Craighead Caverns in den USA. Er befindet sich **91 m unter der Oberfläche** und hat eine **Fläche von 18 000 m².** Er wurde im Jahre 1905 entdeckt.
Der größte See in einem anderen See ist **Lake Manitoulin** mit einer **Fläche von 106,42 km².** Er liegt auf der Insel Manitoulin im kanadischen Teil des Huronsees.

Der höchstgelegene schiffbare See

Lago Titicaca (Titicacasee), 3812 m
Südamerika, Staat: Peru, Bolivien
Länge 190 km, Breite 30–50 km, maximale Tiefe 304 m.
Abflußloser See tektonischen Ursprungs in den Anden, mit dem benachbarten Lago de Poopó durch den Fluß Desaguadero verbunden. Liegt in einem innergebirgigen Becken, umgeben von der Cordillera Real im Osten und dem Hochplateau Altiplano im Westen und Norden. Die Halbinseln Copacabana und Huata teilen den See in einen größeren nördlichen und einen kleineren südlichen Teil.
(Foto S. 157)

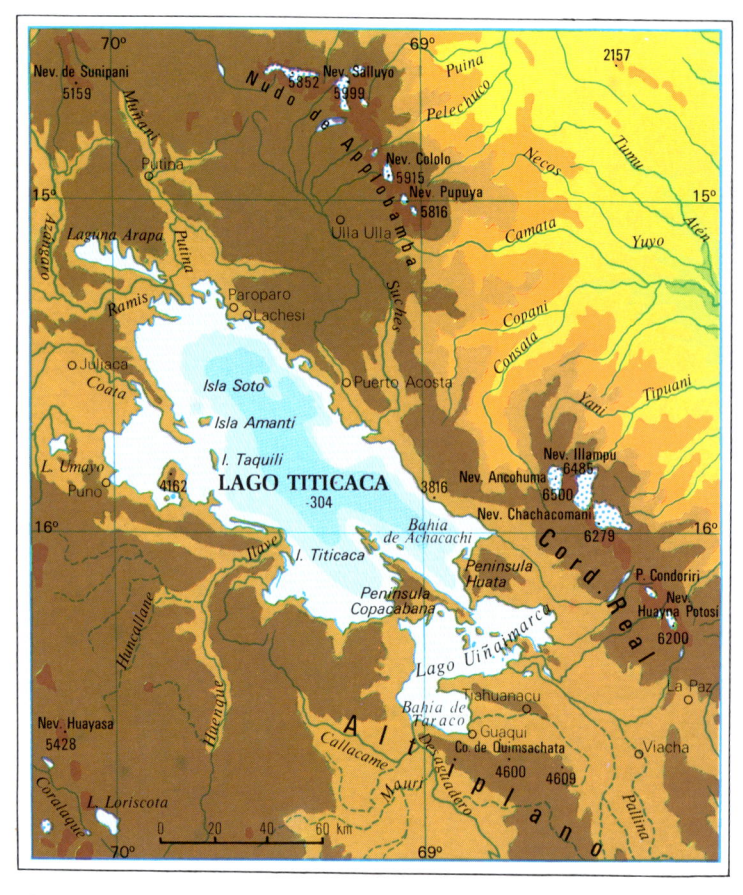

Die größte Konzentration von Seen

Finnische Seenplatte, über 60 000 Seen
Europa, Staat: Finnland
Seen mit Gletscherursprung bedecken fast die Hälfte der Seenplatte, das sind etwa 9 % von Finnland.
Der größte See ist Saimaa, 4400 km².
Die umgebenden Ufer sind niedrig, bedeckt vor allem mit Nadelwäldern.
Die Seen sind oft natürlich oder künstlich verbunden.

Der höchste Wasserfall

Salto del Angel, 979 m
Südamerika, Staat: Venezuela
Cherum-Meru (indian.).
Wasserfall im Zufluß des Carrao im Guayana-Hochland.
Benannt nach dem amerikanischen Flieger, Gold- und Diamantensucher J. Angel, der ihn im Jahre 1935 entdeckte.
Erstmals vermessen von der amerikanischen Journalistin R. Robertson im Jahre 1949.
Der erste Aufstieg über die Wand neben dem Wasserfall gelang einer Gruppe, angeführt durch den Engländer D Notte, im Jahre 1971.

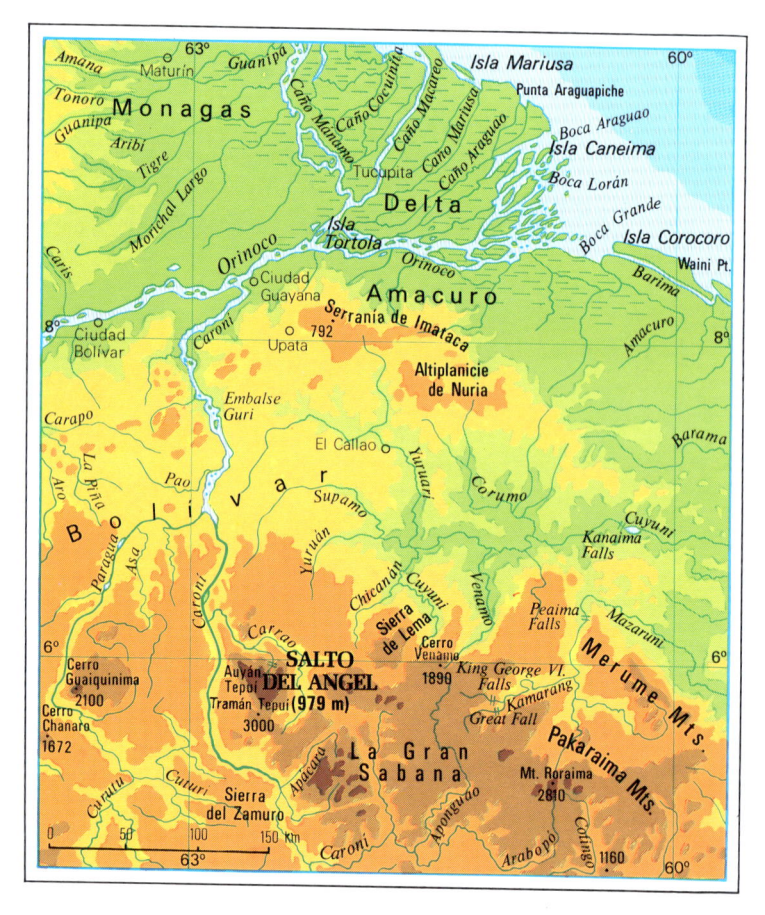

Wasserfälle

Wasserfälle entstehen, wenn ein Fluß verschieden harte Gesteine unterspült oder ein Tal vertikal ins Haupttal einmündet. Häufig sind sie besonders in den Gesteinen vulkanischen Ursprungs und dort, wo das Relief durch Gletscher modelliert wurde. Wasserfälle werden auch durch Travertindämme verursacht (Plitvicer Seen). Ein niedriger Wasserfall wird als Kaskade bezeichnet.

Wasserfälle nach der Höhe

Name	Staat, Gebiet	Höhe m
Salto del Angel	Venezuela	979
Tugela Falls	Südafrika, Natal	948
Yosemite	USA, Kalifornien	739
Cuquenán	Venezuela	610
Sutherland Falls	Neuseeland	580
Mardalsfossen	Norwegen	517
Takakkaw Falls	Kanada	503
Giétroz	Schweiz	498
Ribbon Falls	USA, Kalifornien	491
King George VI.	Guyana	488

Wasserfälle nach dem Wasserdurchfluß

Name	Fluß	Staat	Durchschnittl. jährl. Durchfluß m^3/s
Chutes de Livingstone	Kongo	Zaire	35 110
Khône	Mekong	Kambodscha, Laos	11 610
Ngaliema (Stanley-W.)	Lualaba	Zaire	6 550
Niagara Falls	Niagara	USA, Kanada	5 936
Grande	Uruguay	Argentinien, Uruguay	3 000

Die mächtigsten sind die **Chutes de Livingstone** mit **35 110 m^3/s.**
Es sind 32 Wasserfälle im Unterlauf des Kongo (Zaire), wo der Fluß einen Höhenunterschied von 270 m überwindet. Der größte ist 40 m hoch.
Benannt nach einem Afrikareisenden, dem Schotten David Livingstone.

Der größte Durchfluß des Wasserfalls **Salto das Sete Quedas** am Fluß Paraná zwischen Brasilien und Paraguay erreicht zuweilen **50 000 m^3/s**.
Am breitesten sind die Wasserfälle **Khône** in Laos (15–21 m hoch), sie sind **10,8 km** breit. Ihr Durchfluß kann 42 500 m^3/s erreichen.

Das größte System von Wasserfällen

Saltos do Iguacu, 275 Kaskaden, Breite 2700 m, Höhe 72 m, durchschnittlicher jährlicher Durchfluß 1725 m³/s.
Südamerika, Staat: Brasilien, Argentinien (nicht weit von der gemeinsamen Grenze mit Paraguay)
Wasserfälle am unteren Lauf des Iguacu nahe der Mündung in den Paraná.
Der Canon mit den Wasserfällen wurde im Jahre 1939 zum Nationalpark mit einer Fläche von 2530 km² erklärt.

Der mächtigste Geysir

Waimangu, Höhe 300–400 m
Stieß heißes Wasser, Schlamm und Steine in Intervallen von 30 Stunden aus.
Ozeanien, Staat: Neuseeland
Waimangu (maor.) = Schwarzes Wasser
Er entstand im Jahre 1900 und existierte vier Jahre lang, bei seinem letzten, unerwarteten Ausbruch am 1. 4. 1917 kamen vier Menschen ums Leben.
Heute erstreckt sich dort ein gleichnamiger See.

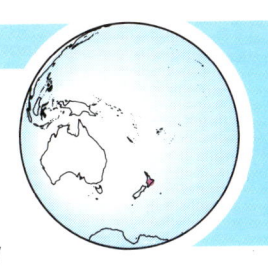

Geysire und Thermalquellen

Quellen, aus denen Wässer mit einer höheren Temperatur sprudeln, als es dem Charakter der Umgebung und dem Klima entsprechen würde, werden **Thermalquellen** genannt. Wenn die Thermalquelle regelmäßig oder unregelmäßig eine heiße Wassersäule, vermischt mit Wasserdampf, in die Luft stößt, handelt es sich um einen **Geysir** (nach dem isländischen **Geysir**).

Geysire und heiße Quellen gibt es nur an einigen Orten der Welt. Zu ihnen gehören Island, der Yellowstone National Park in den USA, die Nordinsel Neuseeland oder die Halbinsel Kamtschatka in Rußland. Zu den meistbesuchten auf der Welt gehört wahrscheinlich einer der größten Geysire: **Old Faithfull** im Yellowstone National Park (auf dem Foto).

Die größte Konzentration von Geysiren

Yellowstone National Park, 8990 km²
Nordamerika, Staat: USA
In den Rocky Mountains befinden sich am oberen Yellowstone etwa 200 Geysire.
Als höchster gilt der Service Steamboat Geysir, der in den Jahren 1962 bis 1969 in eine Höhe von 76–115 m spritzte.
Das meiste Wasser produziert der 61 m hohe Giant, bis 3785 m³ bei einer Eruption.

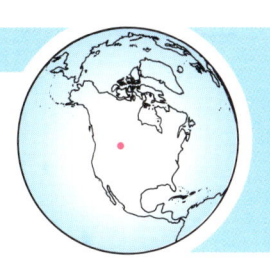

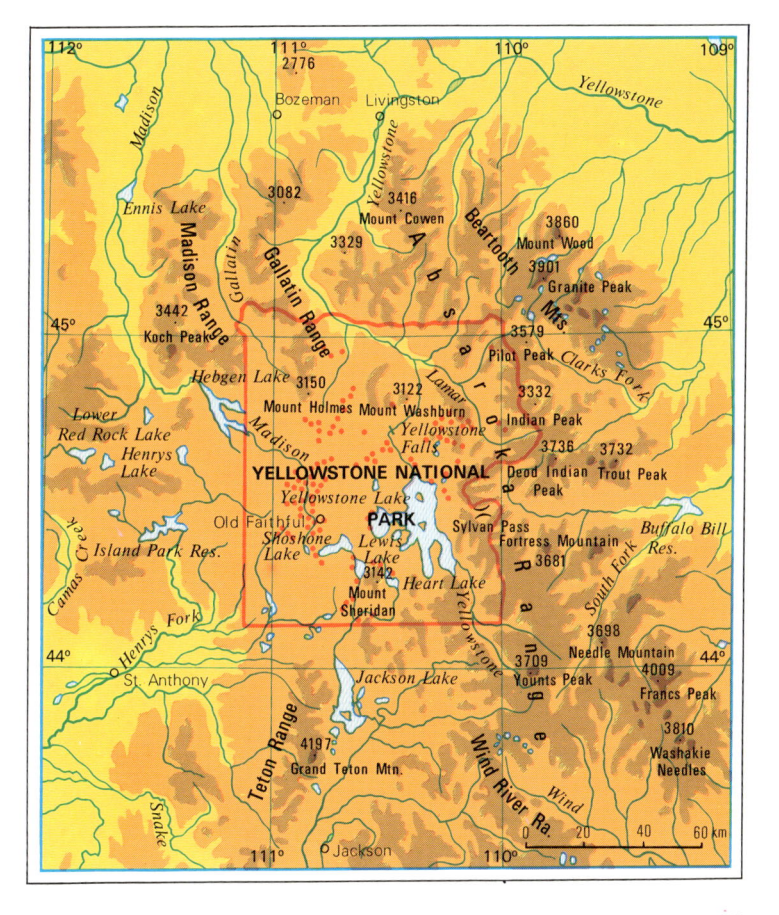

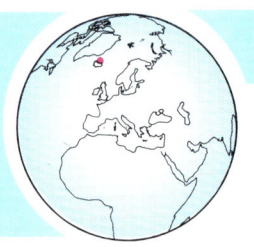

Das Gebiet mit den meisten Thermalquellen

Island, etwa **7000** eingetragene Quellen
Europa, Staat: Island
Die meisten Thermalquellen und auch Geysire befinden sich in der Umgebung von Vulkanen.
An Orten mit Vulkantätigkeit wurde eine Wassertemperatur bis zu 305 °C gemessen.

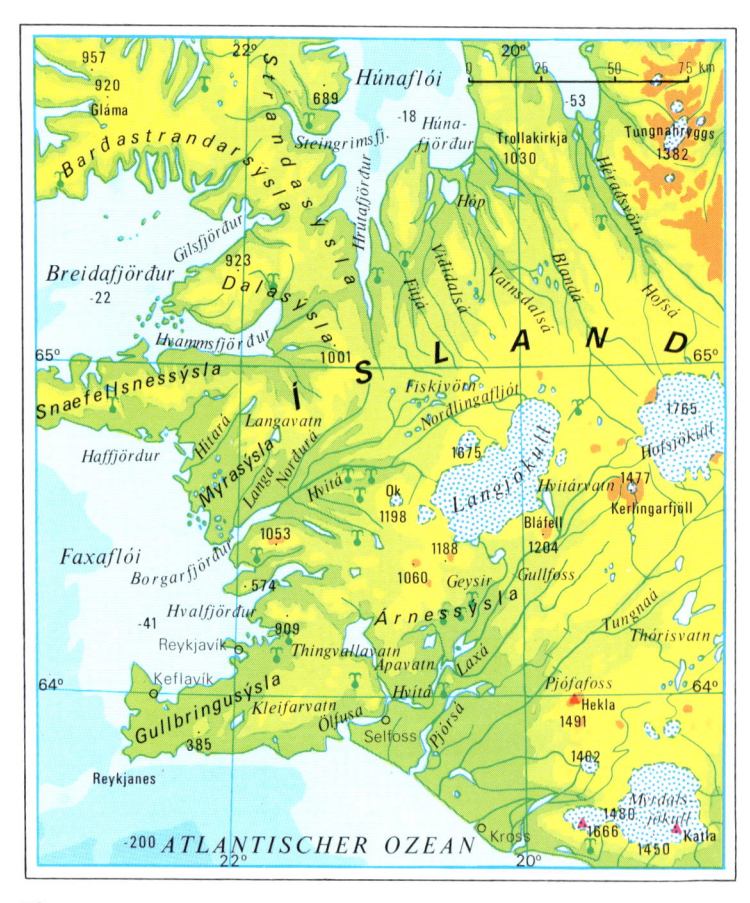

Das Gebiet mit den meisten artesischen Brunnen

Great Artesian Basin (Großes Artesisches Becken), etwa **3000** artesische Brunnen
Australien, Fläche 1 735 298 km², Tiefe der Brunnen 3–2130 m.
Außer den artesischen Brunnen, aus denen das Wasser selbsttätig an die Oberfläche fließt, gibt es hier eine Menge künstlich gebohrter subartesischer Brunnen.

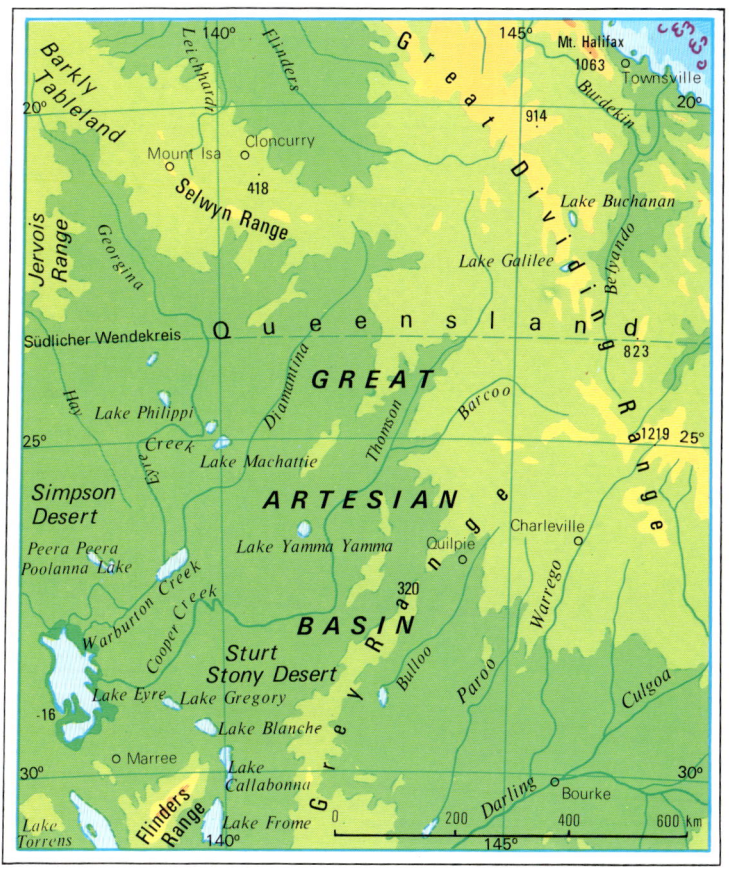

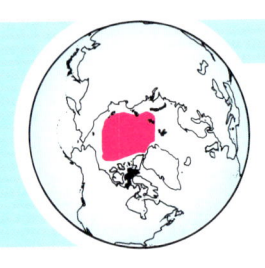

Die größte Meereseisfläche

Nordpolarmeer, etwa **12 600 000 km²** (durchschnittliche jährliche Eisfläche)

Das Eis, das im Verlauf des Winters gebildet wird, ist 2–3 m dick, um den Nordpol entsteht eine starke kompakte Schicht.

Durch die Einwirkung der Meeresströme ist das Eis in ständiger Bewegung (Drift).

Durch häufiges Brechen des Eises entsteht eine unebene Oberfläche, manchmal bis einige zehn Meter dick.

Als erste erreichten den Nordpol Robert E. Peary und Matthew Henson am 6. 4. 1909.

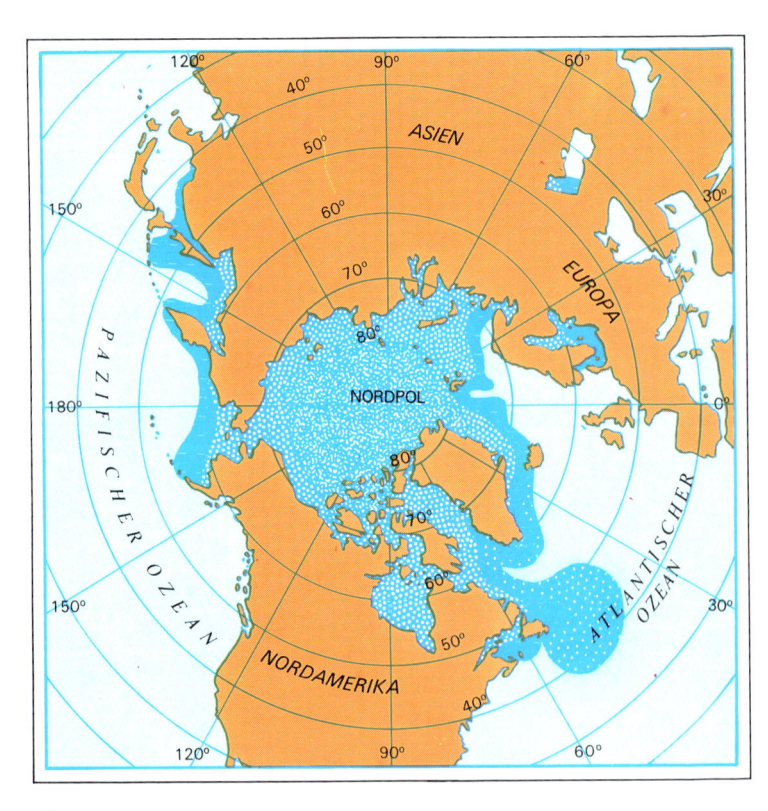

Die größte Fläche von Festlandeis

Antarktika, etwa **13 802 000 km²**
Die Angaben über die durchschnittliche Dicke des Eises sind verschieden, sie bewegen sich von 1500 bis 2500 m, die maximale Dicke übersteigt 4000 m. Man nimmt an, daß beim Auftauen des Gletschers ungefähr 22 400 000 km³ Wasser frei würden, etwa 10 % des Trokkenlandes würden überschwemmt.
Als Entdecker der Antarktika wird der russische Admiral Fabian von Bellinghausen betrachtet, der am 28. 1. 1820 zum ersten Mal die Eisbarriere an der Küste beobachtete. Manche Quellen führen als Entdecker den amerikanischen Robbenjäger Nathaniel B. Palmer an.
Als erster erreichte den Südpol am 14. 12. 1911 der Norweger Roald Amundsen.

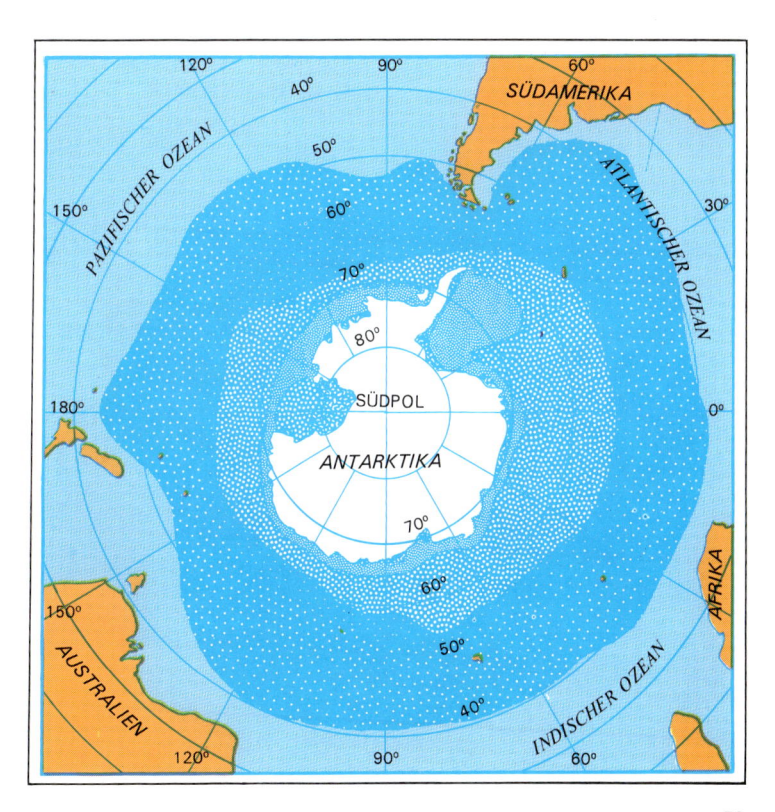

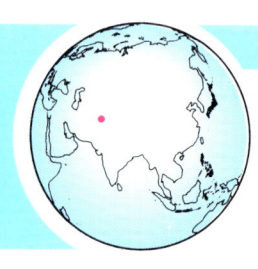

Der längste Talgletscher

Lednik Fedčenko, 77 km lang (nur die unverzweigte Länge)
Asien, Staat: Tadschikistan
Gebirge: Pamir
Breite 1700–3100 m, Fläche etwa 900 km², stellenweise mehr als 500 m dick.
Der Gletscher fließt entlang dem Ostabhang der Berge der Hrebet Akademii Nauk nach Norden in das Tal Balandkiik.

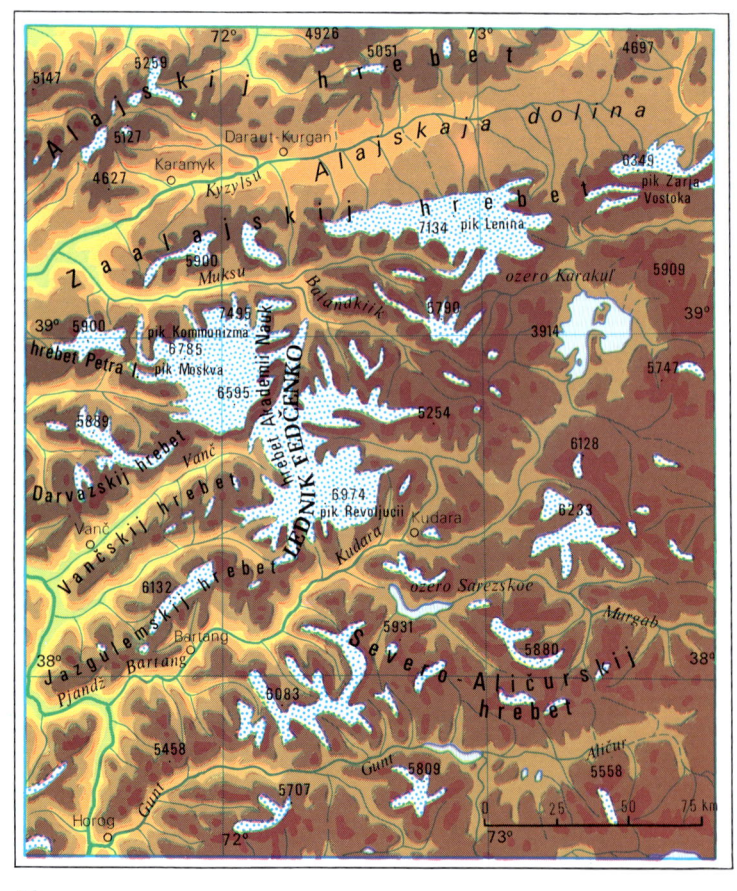

Gletscher

Sie sind verhältnismäßig homogene Körper, zusammengesetzt aus Eiskristallen mit einer Dichte von 0,9 g/cm^3
Sie bedecken etwa 10 % der Erdoberfläche und halten 75 % des gesamten Süßwassers auf dem Festland zurück.
Wir unterscheiden Hochgebirgsgletscher und kontinentale Eisberge in Polargebieten.
Die riesigen Kontinentalgletscher sind Reste der Eiszeit, die in unseren geographischen Breiten etwa vor 12 000 Jahren zu Ende ging. Sie enthalten ungefähr 2 % des Wassers der Erde. Im Unterschied zu ihnen sind die Hochgebirgsgletscher viel kleiner, ihre Form paßt sich dem Relief an.
85 % aller Eisberge gehören zur Antarktika, 12 % zu Grönland, und nur 3 % bilden Hochgebirgsgletscher.
Unter dem Einfluß von verschiedenen Faktoren (Druck der anwachsenden Masse, Erdanziehungskraft, Neigung der Unterlage) bewegen sich die Gletscher ständig. Im Unterschied zu den Hochgebirgsgletschern, die in Form von langen Zungen die Täler herabgleiten, fließt die Eismasse der kontinentalen Eisberge von der Mitte zu den Rändern. Mächtige Eisschollen brechen ab und werden mit den Meeresströmen weit ins Meer getragen. Im Jahre 1966 wurden auf der nördlichen Halbkugel südlich vom 48. Breitenkreis keine Eisschollen beobachtet, aber 1984 waren es 2202.
Jeder Eisberg zeichnet sich durch einen eigenen Bewegungsrhythmus aus, der sich in bestimmten Zeitabschnitten ändern kann. Die Alpengletscher bewegen sich mit einer Geschwindigkeit von 80–150 m/Jahr, die im Himalaja mit 700–1300 m/Jahr. Sehr schnell sind die Gletscherzungen an der Küste Grönlands mit 1100–9900 m/Jahr.
Der größte Küstengletscher ist Ross Ice Schelf, 547 350 km^2, in der Antarktika (S. 180).
Der größte Gletscherstrom ist Lambert Glacier, Länge etwa 470 km, Breite etwa 45 km, in der Antarktika (S. 181).
Am meisten vereist ist die Insel Grönland, 1 802 600 km^2, das sind 83 % seiner Fläche (S. 58).
Das am meisten vereiste Gebirge sind die nordamerikanischen Kordilleren, 92 500 km^2 (S. 68).
Die Schneegrenze verläuft am höchsten in den Anden von Chile, 6300 m ü.d.M., 27° s.Br. (S. 68).

Vereisung der Kontinente

Name	Fläche in km^2 (Schätzung)
Antarktika	13 802 000
Nordamerika	2 049 000
Europa	115 000
Asien	89 000
Südamerika	25 000
Ozeanien	1 015
Afrika	15

Rekorde der Kontinente

Asien

Der größte Kontinent hat eine Fläche von **44 413 000 km²**, das sind 29,72 % des gesamten Trockenlandes der Erdkugel.
Asien hat von allen Kontinenten **die größte mittlere Entfernung vom Meer, etwa 780 km.**
Es ist der Kontinent **mit dem größten Unterschied zwischen dem höchsten** (8848 m) und **dem niedrigsten** (-394 m) **Punkt.**
Unter den bewohnten Festländern hat Asien die höchste durchschnittliche Höhe mit 960 m ü.d.M.
In Asien wurde **der größte Temperaturunterschied** gemessen, 112,8 °C (-77,8 °C und +35,0 °C) in Ojmjakon (Rußland).

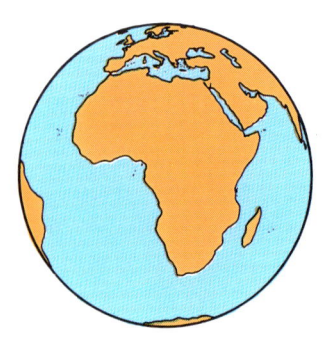

Afrika

Der wärmste Kontinent. In der Äquatorialzone sind die durchschnittlichen Temperaturen während des ganzen Jahres 25 bis 28 °C, in den Wüstengebieten bewegen sich die Temperaturen von -5 bis 55 °C.
Die Küste ist am wenigsten gegliedert, ihre Länge (30 500 km) ist nur 1,56 mal größer als der Umfang eines Kreises mit der Fläche Afrikas.

Nordamerika

Der Kontinent **mit der längsten Küste, 75 600 km.**
Auf 1 km Küste entfallen 320 km² Festland.
Mit 24 247 km² nimmt es 16,22 % der Fläche des Festlandes auf der Erde ein.
Hier landeten als erste die Wikinger im Jahre 985 zufällig, als sie sich auf ihrer Fahrt von Island nach Grönland im Nebel verirrten.
Als Entdecker von Amerika wird jedoch der italienische Seefahrer Chr. Kolumbus betrachtet, der in den Jahren 1492 bis 1504 vier Expeditionen hierher unternahm. Bis zu seinem Tod war er davon überzeugt, einen Teil von Asien entdeckt zu haben.

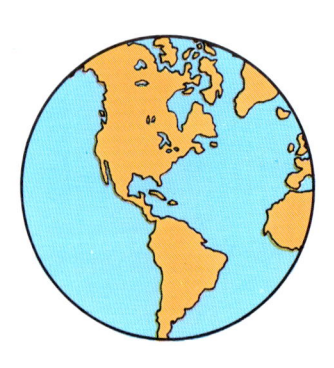

Südamerika

Der Kontinent mit dem **geringsten Anteil von Inseln und Halbinseln** im Vergleich zur Gesamtfläche (**1,1%**).

Europa

Der Kontinent mit der **größten horizontalen Gliederung,** Inseln und Halbinseln bilden 30,4 % der ganzen Festlandfläche.
Mit einer Fläche von 10 527 000 km² nimmt er 7,04 % des Festlandes der Erde ein.
Europa hat die niedrigste durchschnittliche Meereshöhe von 340 m, mehr als die Hälfte der Oberfläche wird von Ebenen bis 200 m Höhe gebildet.
Zusammen mit Asien bildet es den riesigen Kontinent Eurasien. Beide Festländer sind durch eine 3500 km lange künstliche Grenze verbunden.

Australien

Der **kleinste** Kontinent hat eine Fläche von **7 687 848 km²,** zusammen mit Ozeanien 8 511 000 km², das sind 5,98 % der gesamten Landfläche.
Es ist der einzige bewohnte Kontinent, der sich ganz südlich des Äquators befindet.
Von allen Kontinenten ist er **am flachsten,** nur 13 % des Gebietes übersteigt eine Meereshöhe von 500 m.
Er ist **am ärmsten an Oberflächenwasser** und hat ein schwach ausgebildetes Flußnetz. 54 % des Gebietes sind ohne Abfluß.
Der Entdecker des australischen Kontinents, der holländische Seefahrer W. Jansz, landete 1606 im Westen der Halbinsel Cape York.

Antarktika

Der Kontinent **mit der höchsten durchschnittlichen Meereshöhe, 2280 m.**
Der kühlste Kontinent hat eine jährliche Durchschnittstemperatur um **-40 °C.** Als **niedrigste Temperatur** wurde **-89,2 °C** auf der Station Vostok (3488 m ü.d.M.) gemessen. Manche Quellen geben sogar **-94,0 °C** am Südpol an.
Der Kontinent hat **die größte Fläche von Festlandeis,** etwa **13 802 000 km²,** das sind etwa **95,5 %** und mit der am stärksten vereisten Küste: Von 27 024 km Küste bilden nur 712 km (2,63 %) Felsenriffe.

Die größte Insel

Kalaallit Nunaat (Grönland), 2 175 600 km²
Nordamerika, Staat: Gehört zu Dänemark
Die Insel ist 2650 km lang und 1050 km breit.
84 % der Oberfläche bedeckt ein Eisgipfel, der zweitgrößte
Eisberg auf dem Festland der Erde mit einer maximalen
Dicke von 3400 m.
Die Insel entdeckten die Wikinger um das Jahr 900.

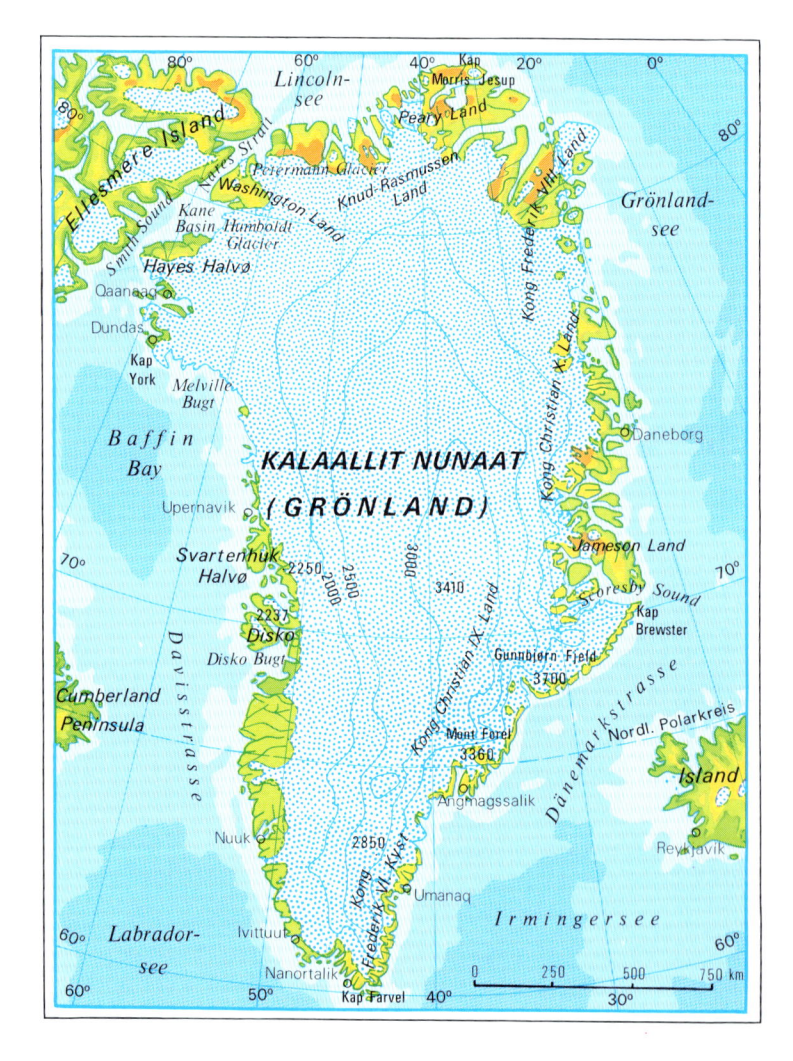

Inseln

Eine Insel ist ein Teil der Erdkruste, umgeben von Wasser und mit einer kleineren Fläche als der kleinste Kontinent, Australien. Inseln können einzeln auftreten oder als Inselgruppen. Es gibt riesige Inseln, wie Grönland, Neuguinea oder Borneo, aber auch ganz kleine, die kaum über den Wasserspiegel hervorragen. Dazu gehört die Inselgruppe Archipiélago de San Blas, etwa einen halben Kilometer von der atlantischen Küste Panamas entfernt. Von 400 ganz kleinen Inseln sind nur die etwa 50 größten bewohnt.

In der Nähe des Festlandes befinden sich Kontinentalinseln, die eigentlich Bestandteil des Festlandes sind, getrennt durch ein seichtes Schelfmeer. Ihre geologische Zusammensetzung und die Naturverhältnisse sind sehr ähnlich dem benachbarten Festland. Es gibt aber auch Inseln mitten im Ozean, weit entfernt von allen Kontinenten. Ihre natürlichen Bedingungen sind anders als die des Festlandes in vergleichbaren Klimazonen. Diese Meeresinseln entstanden durch das Anheben des Meeresbodens bei den Bewegungen, die ständig in der Erdkruste stattfinden, bei der Ablagerung von Lavamaterial oder durch Korallen.

Ein interessantes Beispiel zur Entstehung einer neuen Insel ist die Geschichte der Vulkaninsel Surtsey. Diese Insel tauchte unweit Islands am 14. 11. 1963 bei intensiver Vulkantätigkeit auf und erreichte in fünf Tagen eine Höhe von 60 m und eine Länge von 600 m. Heute ist sie Naturschutzgebiet und dient wissenschaftlichen Zwecken. Eine besondere Insel ist die höchste aus dem Meer ragende Felsennadel, Balls Pyramide, 561 m hoch und nur 200 m lang, in der Nähe von Lord Howe Island im Pazifik.

Die größte von Süßwasser umgebene Insel ist **Ilha de Marajó,** 42 000 km^2 (S. 37).

Die größte von Flüssen umgebene Insel ist **Ilha do Bananal** in Brasilien (18 130 km^2). Begrenzt wird sie von den Flüssen Araguaia und Branco Menor.

Die größte Seeinsel ist **Manitoulin** (2766 km^2) im kanadischen Teil des Huronsees (S. 40).

Die größten Inseln

Name	Inselgruppe	Kontinent	Fläche km^2
Grönland	-	Nordamerika	2 175 600
Neuguinea	-	Ozeanien	785 000
Kalimantan (Borneo)	Große Sundainseln	Asien	746 546
Madagaskar	-	Afrika	587 041
Baffin-Insel	-	Nordamerika	507 414
Sumatra	Große Sundainseln	Asien	433 800
Honschu	Japan. Inseln	Asien	227 414
Victoria Insel	-	Nordamerika	217 274
Großbritannien	Brit. Inseln	Europa	216 325
Ellesmere Island	Königin-Elizabeth-Inseln	Nordamerika	196 221
Sulawesi (Celebes)	Große Sundainseln	Asien	179 416
Südinsel	Neuseeland	Ozeanien	150 461
Java	Große Sundainseln	Asien	126 700
Nordinsel	Neuseeland	Ozeanien	114 688
Kuba	Große Antillen	Nordamerika	110 922
Neufundland	-	Nordamerika	108 852
Luzon	Philippinen	Asien	106 983
Island	-	Europa	102 829

Größte Inselgruppe

Malaiische Inselgruppe, 2 000 000 km², etwa 21 000 Inseln
Inselgruppe zwischen Asien und Australien, trennt den Pazifischen vom Indischen Ozean.
Die Inseln gehören zu fünf Staaten, den größten Teil des Gebietes nimmt Indonesien ein.
Die Malaiische Inselgruppe wird gebildet von den Großen und den Kleinen Sundainseln, den Philippinen, den Maluku (Molukken) und weiteren kleineren Inselgruppen.
Entlang der Inselgruppen ziehen sich Tiefseeschluchten, viele Binnenmeere zwischen den Inseln werden getrennt von engen Meeresstraßen.

Im westlichen Teil der Malaiischen Inselgruppe ist die Küste wenig, im östlichen stark gegliedert. Im Inneren der Inseln gibt es Zonen von geologisch jungem Hügelland, darum ist das gesamte Gebiet seismisch sehr aktiv. Häufige Erscheinungen sind Erdbeben und verheerende Taifune.
Das äquatoriale Klima ist ausgeprägt feucht, in östlicher Richtung nimmt die Feuchtigkeit ab.

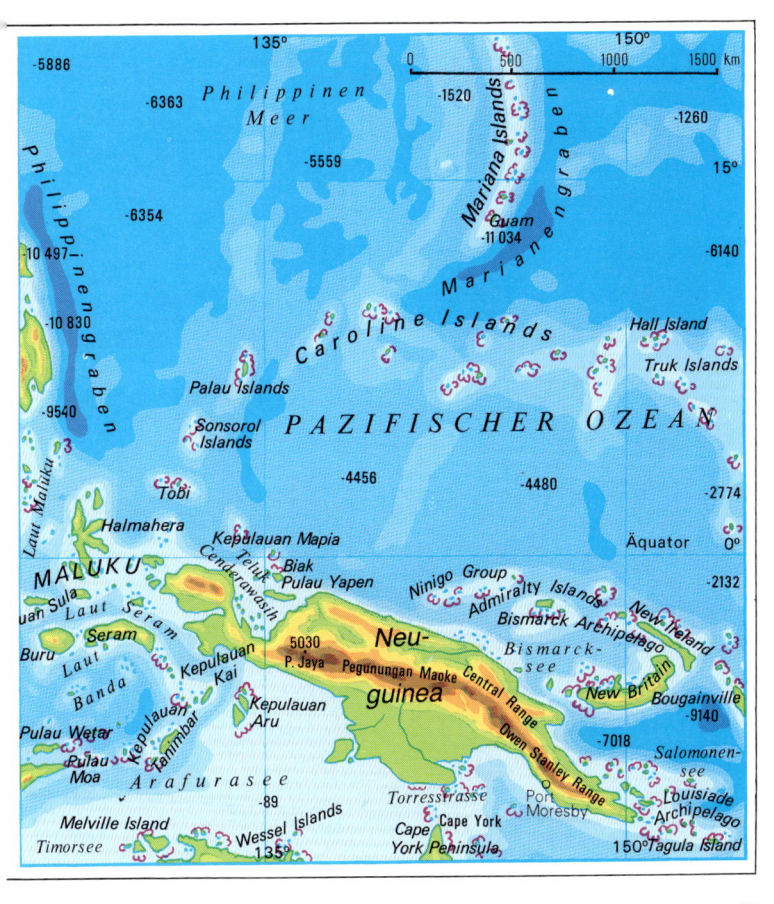

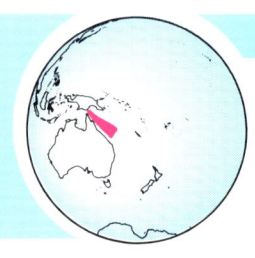

Die größte Anhäufung von Korallen

Great Barrier Reef (Großes Barriereriff), Länge **2300 km**, Breite **2—150 km**

Korallenmeer, nördlicher Teil der Ostküste von Australien. Der größte Teil der Riffe ist zur Zeit der Flut ein paar Zentimeter unter dem Meeresspiegel, bei Ebbe ragen manche 0,5—1 m über das Wasser.
Hier leben etwa 6000 Arten von Korallen.
Im ganzen Gürtel gibt es nur 20 Durchfahrten für größere Schiffe.

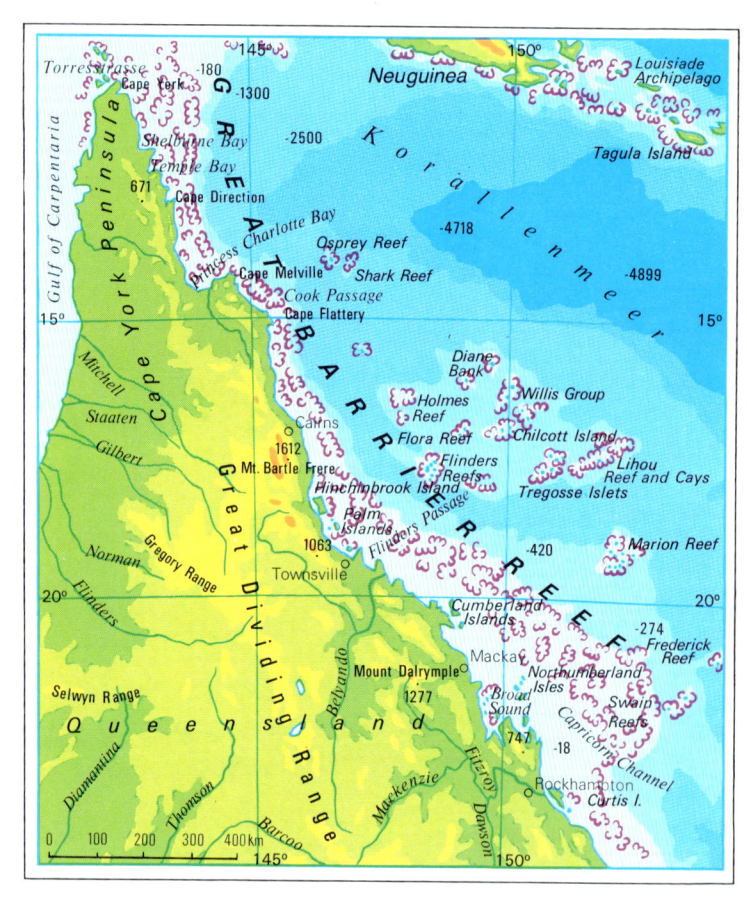

Die größte Koralleninsel (Atoll)

Kiritimati, Fläche insgesamt **642 km²**
Trockenland **323 km²**
Ozeanien (Polynesien), Staat: Kiribati
Ursprünglicher Name: Christmas Island (Weihnachtsinsel)
Insel in der Gruppe der Line Islands im östlichen Teil von Kiribati.
Entdeckt wurde sie vom Seefahrer James Cook zu Weihnachten 1777.

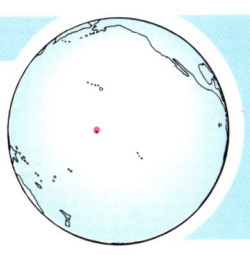

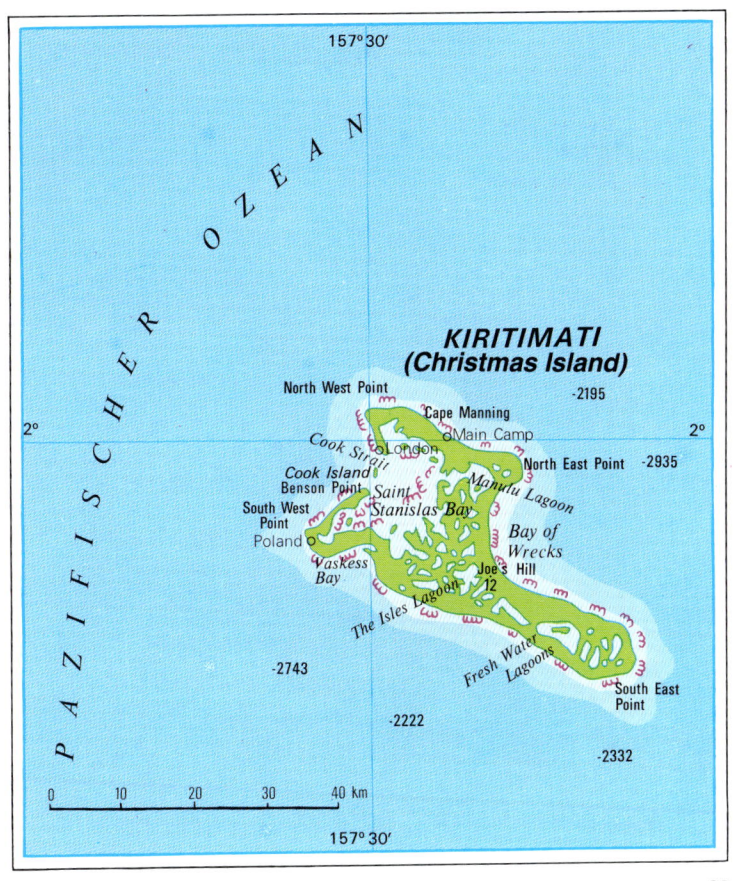

Die entlegenste Insel

Isla de Pascua (Osterinsel), etwa **3300 km von der Küste Südamerikas entfernt**
Ozeanien, Staat: Gehört seit 1888 zu Chile
Rapa Nui (polynes.) = Weltnabel
Felsige Vulkaninsel im Pazifischen Ozean mit einer Fläche von 180 km^2, östlichste bewohnte Insel Polynesiens
Entdeckt wurde sie von dem Holländer Jakob Roggeveen zu Ostern 1722.
Die von einem anderen Festland **entfernteste Insel** ist die norwegische **Insel Bouvetøya**, 1700 km vor der Küste der Antarktika, Fläche 59 km^2.

Der vom Meer entfernteste Ort

Džungarskije Vorota (Dsungarische Pforte)
Asien, Staat: Kasachstan, China
Bergpaß zwischen den Gebirgszügen Džungarskij Altau und Maili Tau.
Breite 10–40 km, Länge 100 km, Meereshöhe 400–500 m.
Dieser Ort ist 2650 km (Luftlinie) von der nächsten Meeresküste entfernt.
Trockenes Klima, östlich vom Bergpaß erstreckt sich das Dsungarai-Becken (Junggar Pendi), im Inneren von einer Sandwüste bedeckt.

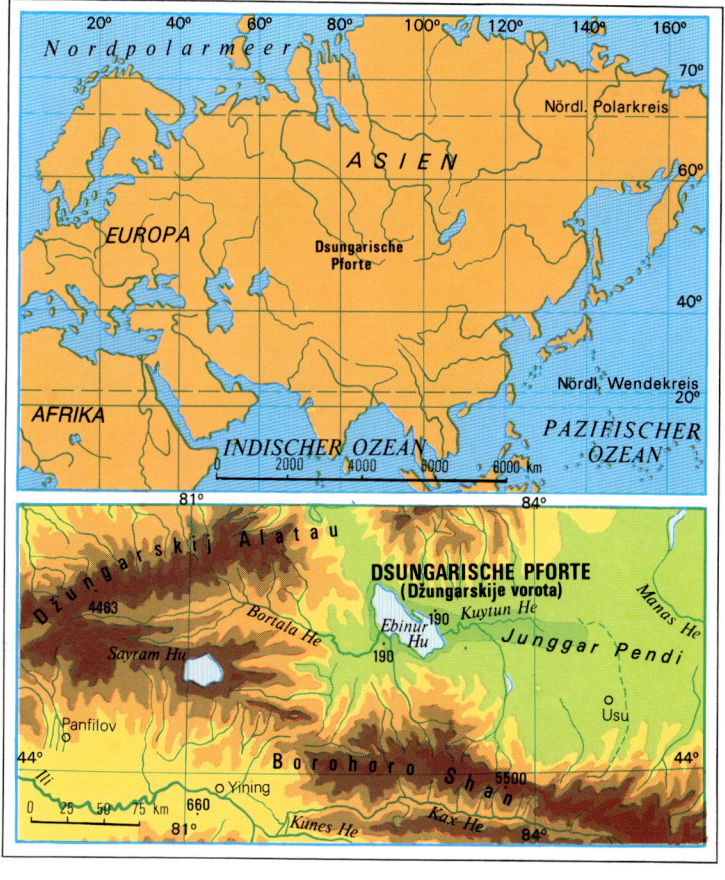

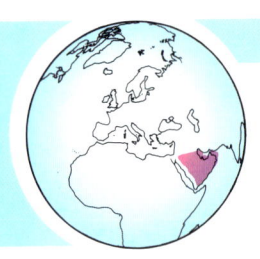

Die größte Halbinsel

Arabien, 2 780 000 km²

Asien, Staat: Saudi-Arabien, Oman, Jemen, Vereinigte Arabische Emirate, Katar und Kuwait

Ungefähr 77 % der Fläche der Halbinsel gehört zu Saudi-Arabien, den Rest teilen sich die anderen fünf Staaten.

Fast das ganze Gebiet hat den Charakter einer flachen Tafel mit einer durchschnittlichen Meereshöhe von 1000 bis 2000 m.

Im Inland erstreckt sich eine weite Wüste.

Hier liegen die reichsten Erdölreserven der Welt.

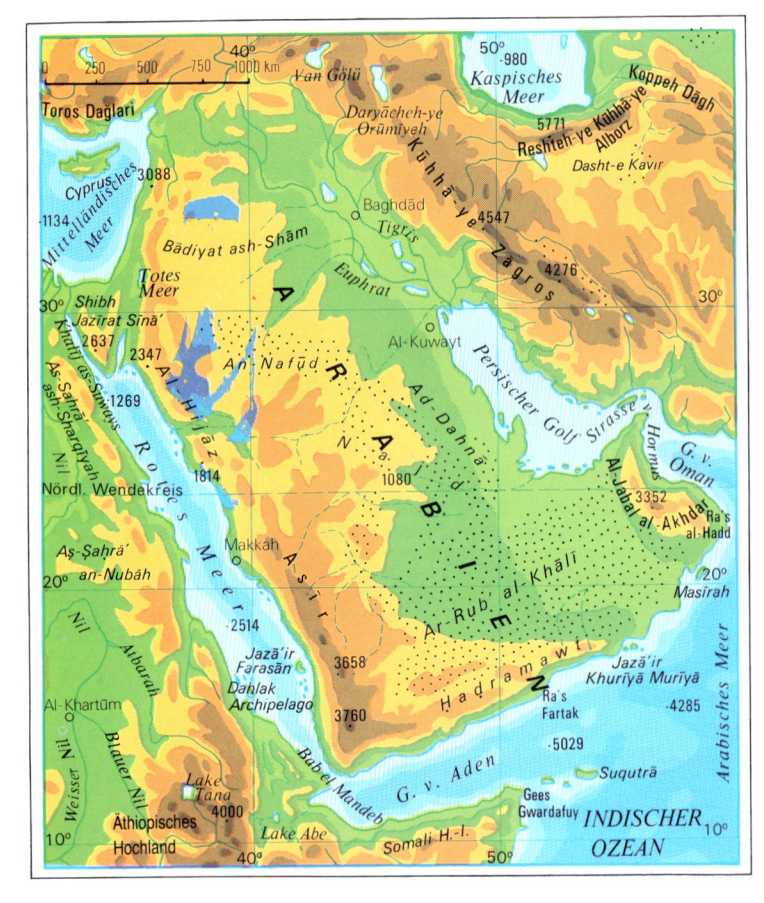

Die schmalste Landenge

Istmo de Panamá (Isthmus von Panama), 48 km (minimale Breite)
Staat: Panama
Die Landenge verbindet Nord- und Südamerika.
Sie trennt den Atlantischen (Golfo de Limón im Karibischen Meer) vom Pazifischen (Bahía de Panamá) Ozean.
In den Jahren 1903 bis 1914 wurde hier der Panamakanal (Canal de Panamá) erbaut, der die beiden Ozeane verbindet.
Beim Bau wurde die günstige Konfiguration des Terrains ausgenützt (Golfo de Limón, Lago Gatún). Gegenwärtig steht er unter der gemeinsamen Verwaltung von Panama und den USA.

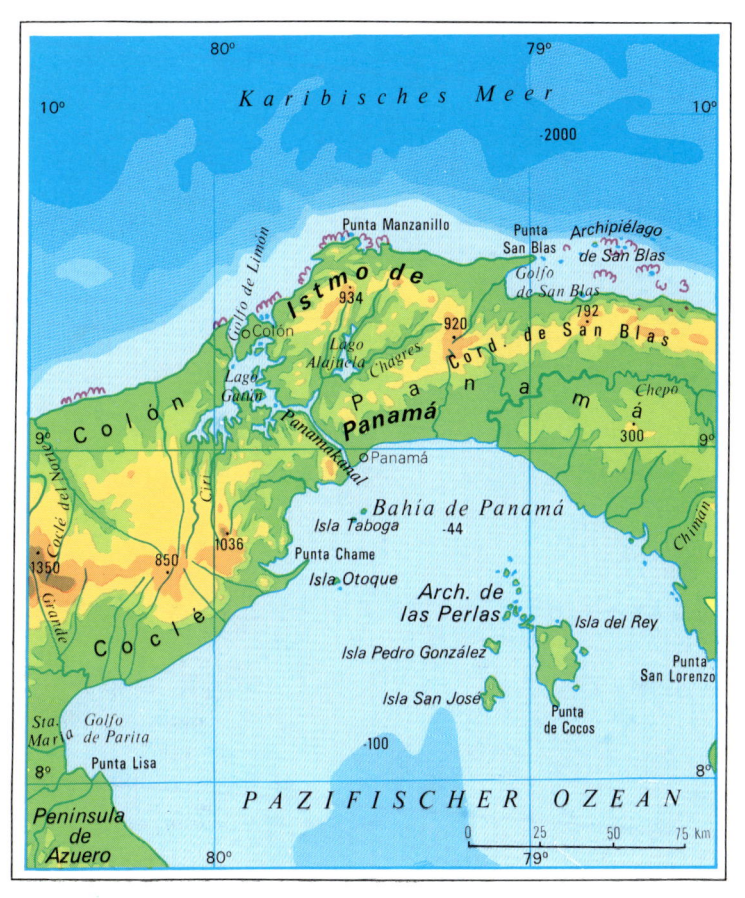

Der längste Gebirgszug

Kordilleren/Anden, etwa **17 000 km** (Gesamtlänge)
Nord- und Südamerika, durchzieht 17 Staaten
Die maximale Höhe von 6959 m hat der Aconcagua in Argentinien (S. 154).
Ein kettenförmiges Gebirgssystem entlang der westlichen Küsten beider Kontinente, gebildet von mehreren parallelen Gebirgszügen, die weitläufige Plateaus trennen.

Kordilleren/Anden im Aconcagua-Gebiet

Der größte Höhenunterschied

Atacamagraben/Volcán Llullaillaco, 14 789 m
Pazifischer Ozean/Südamerika
Der Atacamagraben (maximale Tiefe 8066 m in der Bartholomew Deep) zieht sich entlang der ganzen südamerikanischen Küste, seismisch aktives Gebiet.
Volcán Llullaillaco (6723 m) ist ein inaktiver Vulkan im mittleren Teil der Anden an der Grenze zwischen Chile und Argentinien.

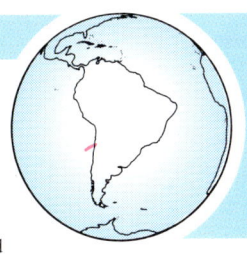

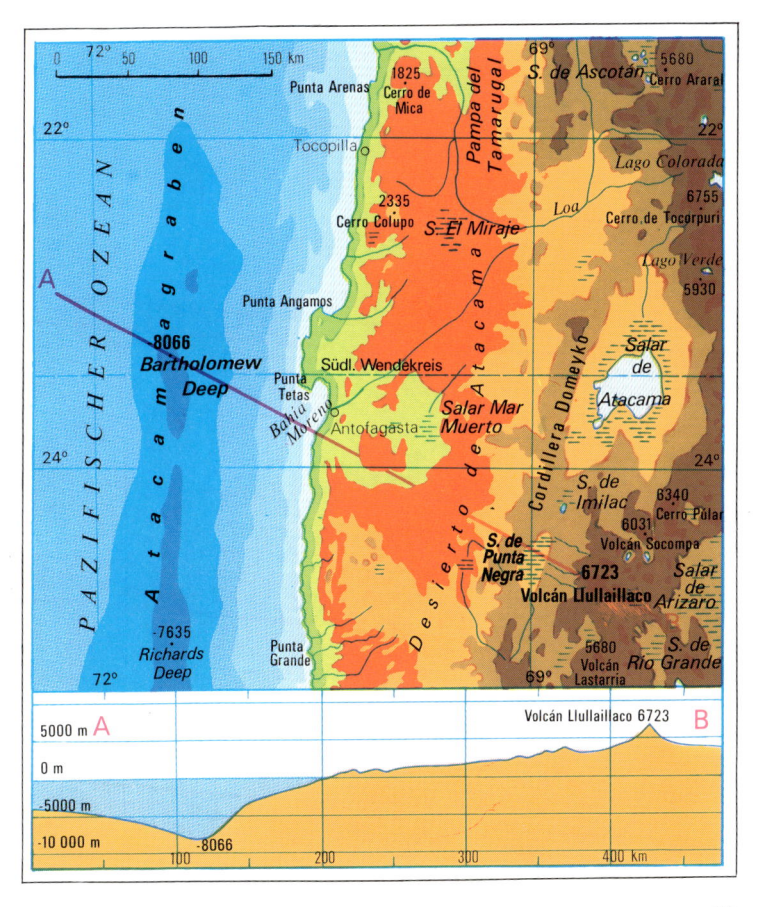

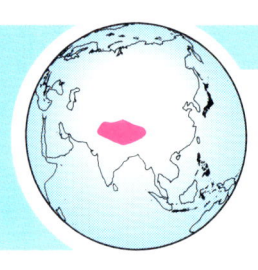

Das höchste Gebirge

Himalaja, 8848 m (maximale Höhe)
Asien, Staat: China, Nepal, Bhutan, Indien, Pakistan
Hima = Schnee, alaja = Wohnort (Sanskrit).
Länge 2500 km, Breite 180–350 km.
Mehr als 30 Berge erreichen eine Höhe von über 7600 m, davon 14 über 8000 m.
Das Gebirge entstand im Tertiär, nach manchen Berechnungen erhöht es sich in den letzten 100 000 Jahren um 4 cm/Jahr.

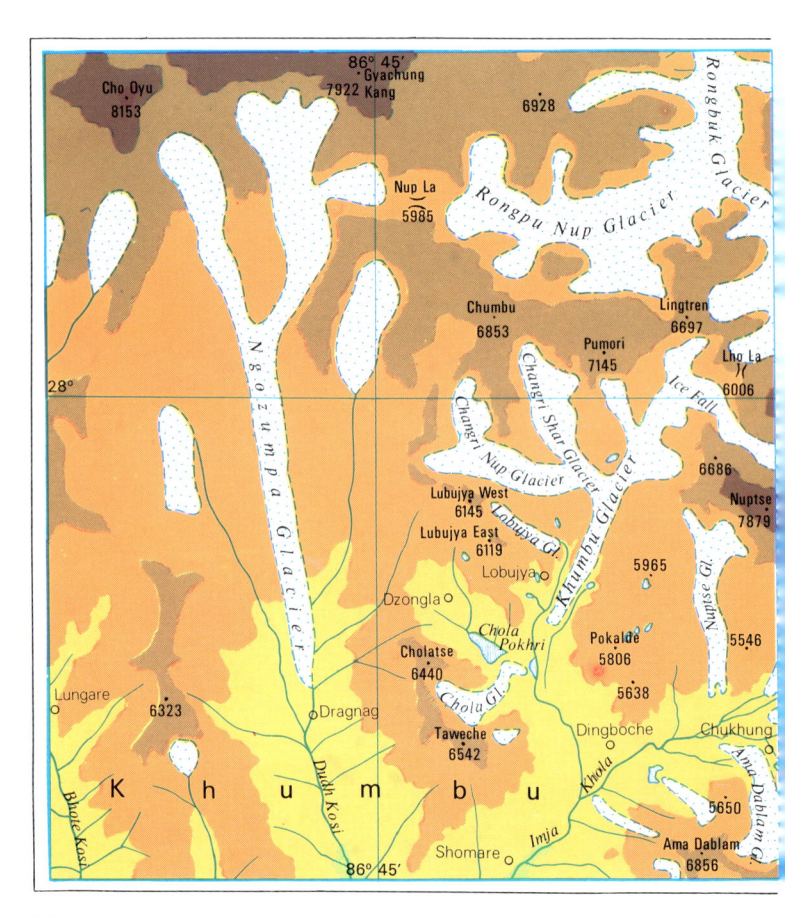

Der Himalaja teilt sich der Länge nach in drei Zonen, die nach Norden in der Höhe ansteigen: Siwalikketten (durchschnittliche Höhe 900–1200 m), Vorder-Himalaja (durchschnittliche Höhe 3000–4000 m) mit Gipfeln bis 6000 m ü.d.M. und Hoher Himalaja sind eine wichtige Klimascheide zwischen dem tropischen Monsun-Asien und dem rauhen binnenländischen Teil des Kontinents.

Die Vereisungsfläche beträgt 33 000 km^2, die Gletscherzungen reichen bis zu 3900 m ü.d.M.

Die Besiedlung des Himalaja ist spärlich, sie konzentriert sich in den Tälern und Becken an den Südhängen.

Als erste Europäer waren hier die christlichen Missionare zu Beginn des 17. Jahrhunderts.

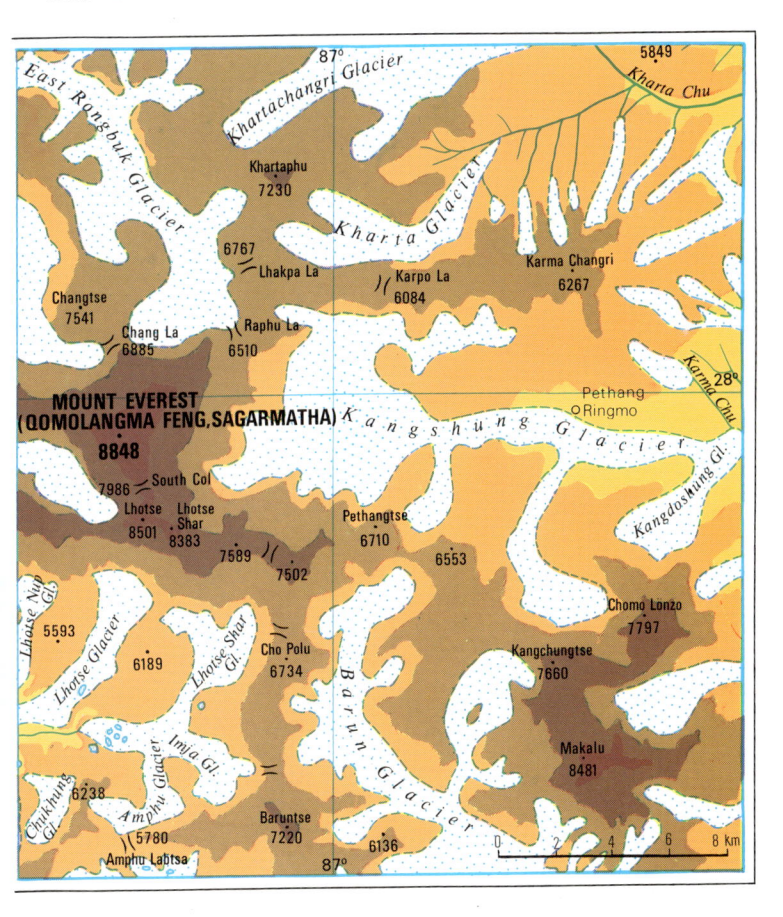

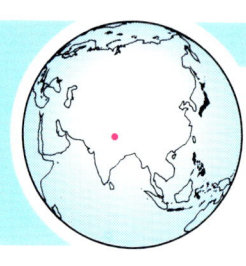

Der höchste Berg

Mount Everest, 8848 m
Asien, Staat: Nepal, China
Gebirge: Himalaja
Nach den letzten Messungen im Jahre 1987 ist er sogar 8872 m hoch.
Sagarmatha (nepal.) = Göttin Mutter der Erde.
Qomolangma Feng (chin.) = Göttin Mutter des Schnees.
Seit 1976 Bestandteil des Nationalparks Sagarmatha mit einer Fläche von 1243 km².

Erforschung des Himalaja

Der majestätische und für Europäer lange unzugängliche Himalaja ist das einzige Gebirge auf der Erde, in dem über 8000 m hohe Gipfel aufragen. Die eigentliche Erforschung des Gebirges begann erst in der Mitte des 18. Jahrhunderts durch die britische East India Company (Ostindische Gesellschaft) im Rahmen der Kartierung von Indien. Daran schloß sich ein breites Projekt an, die Indische trigonometrische Messung. Unter der Leitung von G. Everest wurde 1823 zum ersten Mal das Triangulationssystem bei der Kartierung in großem Maßstab benützt. Im Jahre 1852 gelang es zum ersten Mal, den höchsten Berg des Planeten zu vermessen, Mt. Everest. Die wissenschaftliche Erforschung des Gebirges dauert an. Eine Gruppe von italienischen Bergsteigern und Technikern vermaß erneut im Jahre 1987 die Höhe von Mt. Everest und Qogir reng (K2) mit Hilfe des Satellitensystems GPS und gelangte zu neuen Angaben (Mount Everest: 8872 m; K2: 8616 m).

Im Jahre 1883 bewegte sich der erste Europäer, W. W. Graham, in den Bergen Sikkimu im Himalaja.

Den ersten Gipfel über 8000 m, den Annapurna, bezwangen die Teilnehmer einer französischen Expedition, Maurice Herzog und Louis Lachenal, im Jahre 1950.

Der erste Solo-Aufstieg auf einen Achttausender gelang dem Österreicher Hermann Buhl im Rahmen der deutschen Expedition auf den Nanga Parbat im Jahre 1953.

Die ersten Bezwinger des höchsten Berges der Welt wurden Edmund P. Hillary (Neuseeland) und der Sherpa Tenzing Norgay (Nepal) am 29. Mai 1953.

Alle Gipfel des majestätischen Vierzehners konnte als erster der in Italien lebende Österreicher Reinhold Messner bezwingen.

Name	Höhe	Jahr	Nationalitatät	Am Gipfel
Mt. Everest	8848	1953	Neuseel.	E. P. Hillary–T. Norgay
K2 (Qogir reng)	8611	1954	Ital.	A. Compagnoni-Lacedelli
Kanchenjunga	8585	1955	Brit.	G. Band–J. Brown
Lhotse	8501	1956	Schweiz.	F. Luchsinger–E. Reiss
Mittlerer Kangchenjunga	8482	1978	Poln.	W. Branski–A. Z. Heinrich K. W. Olech
Makalu	8481	1955	Franz.	J. Couzy–L. Terray
Südlicher Kangchenjunga	8476	1978	Poln.	E. Chrobak–W. Wróz
Yalung Kang	8450	1973	Jap.	J. Ageta–T. Macuda
Mittlere Lhotse	8426			
Lhotse Schar	8383	1970	Österr.	J. Mayer–R. Walter
Dhawalagiri I.	8172	1960	Schweiz.	K. Diemberger–P. Diener E. Forrer–A. Schelbert–N. Dorže
Manaslu	8156	1956	Jap.	T. Imanischi–G. Norbu
Cho Oyu	8153	1954	Österr.	J. Jöchler–H. Tichy–P. D. Lama
Nanga Parbat	8126	1953	Deutsch	H. Buhl
Annapurna	8078	1950	Franz.	M. Herzog–L.Lachenal
Gasherbrum I.	8068	1958	USA	A. J. Kauffman–K. Schoening
Mittlerer Annapurna	8051	1980	Deutsch	H. Schmuck–F. Wintersteller –H. Buhl–K. Diemberger
Xixabangma Feng	8013	1964	Chin.	
Nordöstl. Annapurna	8010	1974	Span.	J. Anglada–E. Civis–J. Pons

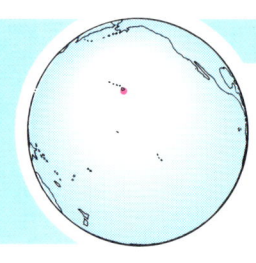

Die größte absolute Höhe

Mauna Kea, 10 203 m
Pazifischer Ozean, Hawaii-Inseln
Staat: USA
Mauna Kea (polynes.) = Weißer Berg
Inaktiver Vulkan auf der größten Insel Hawaii.
Die angegebene Höhe stellt die Gesamthöhe des Berges vom Grund des Ozeans bis zum Gipfel dar, davon liegen 4202 m über dem Meeresspiegel.

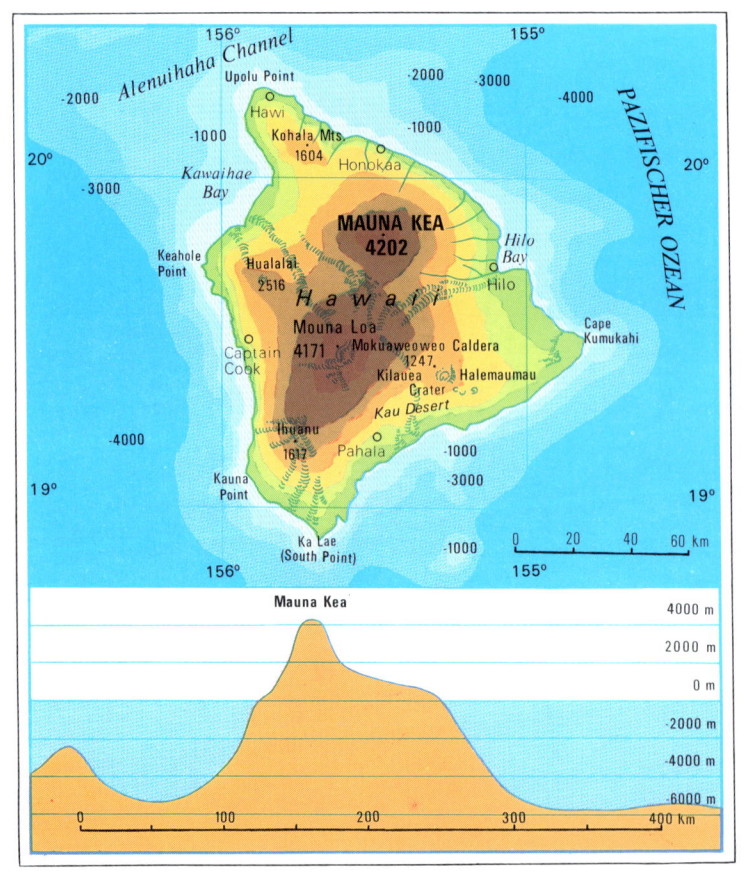

Die Form und Abplattung der Erde

Die zentrifugalen Kräfte, ausgelöst durch die Rotation um die eigene Achse, bedingen eine Abplattung des Erdballs an den Polen und eine Ausbauchung in der Gegend des Äquators. Weitere Deformationen entstehen durch die ungleichmäßige Verteilung von Wasser und Festland, die unterschiedliche Dichte haben. Die Oberfläche des Festlandes ist auch verschiedenartig gewellt. Der Körper, der theoretisch am meisten der Erde gleicht, heißt **Geoid.** Er hat eine komplizierte Form, deshalb wird für den mathematischen Ausdruck der Form des Erdballs und in der Kartographie eine einfachere geometrische Form benützt, das **Rotationsellipsoid,** dessen Oberfläche, durch die Rotation der Ellipse um die kürzere Achse, die Oberfläche der Erde bei den Berechnungen ersetzt. Nach dem Krasovsky-Ellipsoid (in die Praxis eingeführt etwa 1952) ist die Entfernung von der Erdmitte zum Äquator 6 378 245 m (große Halbachse), von der Erdmitte zum Pol 6 356 863 m (kleine Halbachse). Der entfernteste Punkt von der Erdmitte ist daher unter den höchsten Bergen in der Nähe des Äquators zu suchen, der nächste in den Tiefen um den Pol.

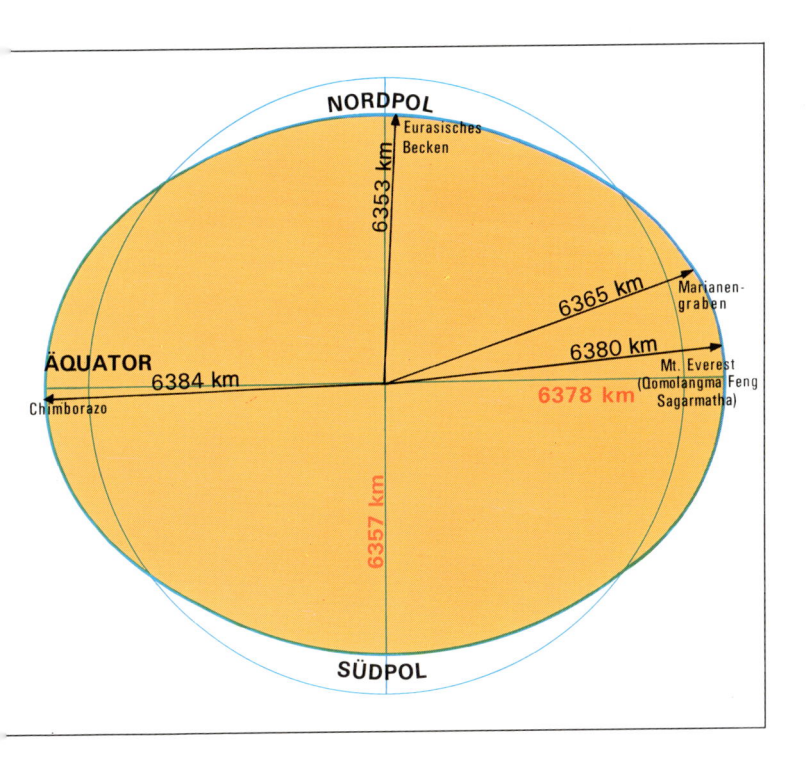

Der entfernteste Punkt von der Erdmitte

Chimborazo, 6 384 201 m
Südamerika, Staat: Ecuador
Gebirge: Anden, Meereshöhe 6310 m.
„Höhe über dem Pol" 27 338 m. Das ist die Höhe über dem Meeresspiegel am Erdpol, wo er am nächsten zur Erdmitte ist.
Die Angabe stimmt, wenn wir die Erde als Rotationsellipsoid betrachten.

Der nächste Punkt zur Erdmitte

Eurasisches Becken, 6 352 513 m
Nordpolarmeer
Unterseebecken östlich vom Nordpol.
Minimale Meereshöhe −5220 m (größte Tiefe des Beckens).
„Höhe über dem Pol" −4350 m (tiefster Punkt der Erde).
Der angeführte Punkt liegt im südlichen Teil des Beckens.
Die Angaben gelten unter den gleichen Bedingungen wie beim vorhergehenden Stichwort. Negative „Höhen über dem Pol" befinden sich nur im Nordpolarmeer.

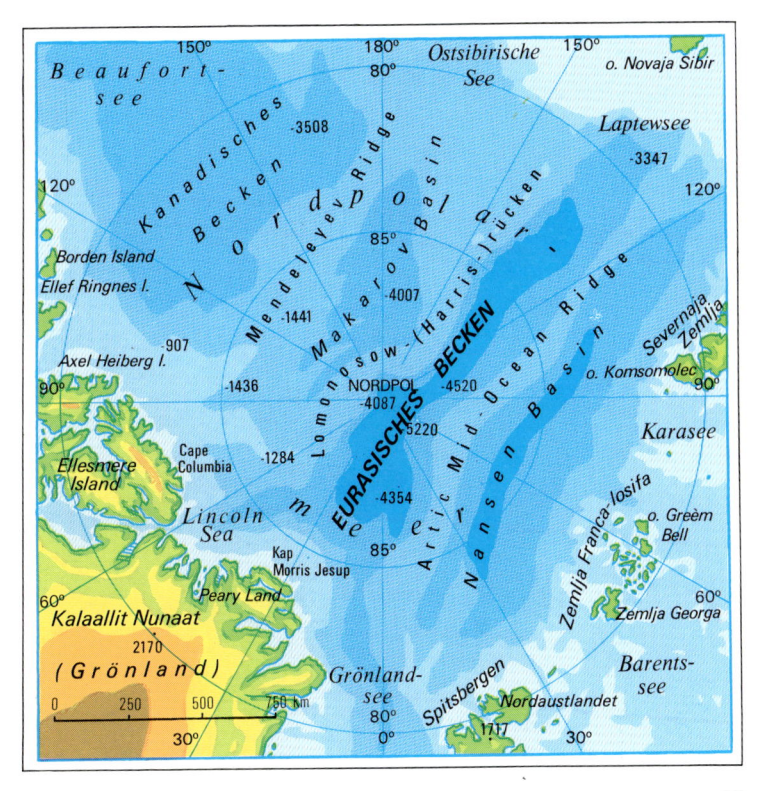

Der höchste Vulkan

Guallatiri, 6060 m
Südamerika, Staat: Chile
Gebirge: Anden
Momentan ruhender Vulkan im mittleren Teil der Anden, der letzte Ausbruch wurde im Jahre 1960 verzeichnet.

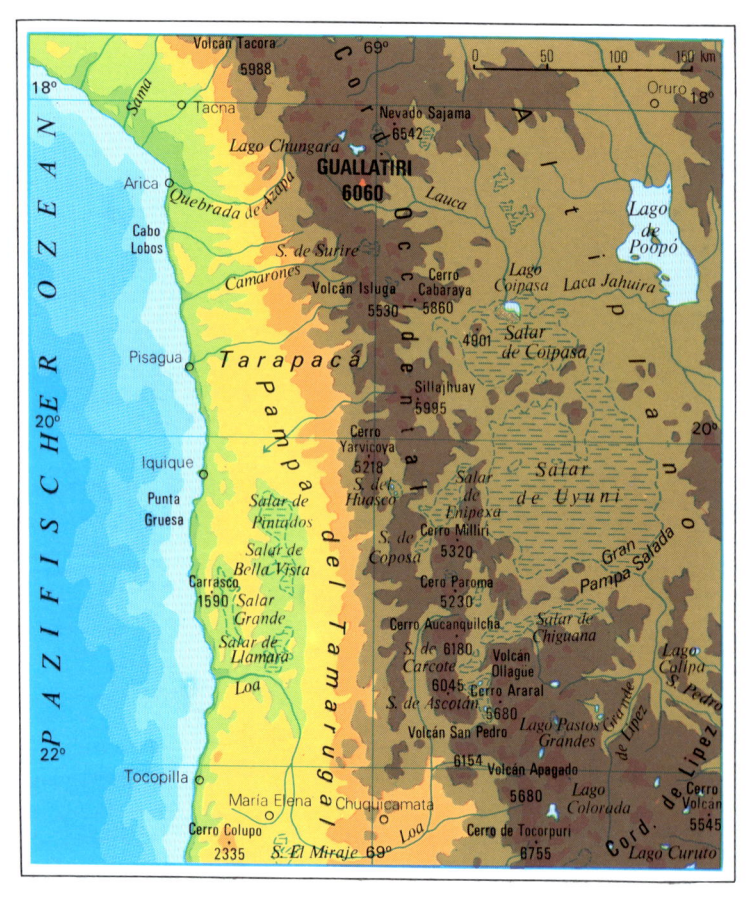

Vulkane

Vulkane sind Berge, aus denen glühende Lava, Gase und andere Stoffe aus dem Erdinneren an die Oberfläche dringen. Die Art ihrer Tätigkeit ist verschieden, von ruhigen Lavaergüssen über Gasausbrüche und unterbrochenen Ausstoß von Materialien bis zu mächtigen Eruptionen.

An der Erdoberfläche gibt es mehr als 500 aktive Vulkane, nach manchen Quellen sogar über 800. Sie befinden sich in instabilen, seismisch aktiven Gegenden. Etwa 80 % aller Vulkane liegen im sogenannten großen Feuerring am Rande des Pazifischen Ozeans, hauptsächlich in der Malaiisischen Inselgruppe.

Der bekannteste Vulkan des Altertums ist der **Vesuv**, dessen Ausbruch im Jahre 79 die Städte Pompeji und Herkulaneum vernichtete.

Die größte Explosion wurde am **Krakatau** im Pazifischen Ozean im Jahre 1883 verzeichnet, als die feinsten Aschenteile in eine Höhe von 50 km aufstiegen und Reste mit einer Geschwindigkeit von etwa 200 km/h noch in der Entfernung von 18 000 km registriert wurden.

Das größte Volumen an Lava, etwa **150–180 km³**, stieß im Jahre 1815 der indonesische Vulkan **Gunung Tambora** aus.

Der längste Lavaausfluß, 65–70 km, wurde bei der Eruption des isländischen Vulkans **Laki** im Jahre 1783 verzeichnet.

Krater Cotopaxi (5897 m ü.d.M.), Ecuador

Der niedrigste Punkt des Festlandes

Totes Meer, 397 m unter dem Meeresspiegel
Asien, Staat: Jordanien, Israel
Yam Ha Melah (althebr.)
Al-Bahr al-Mayyit (arab.)
Länge 79 km, Breite 5—17 km, Fläche 1050 km².
Salziger See ohne Abfluß im mittleren Teil der tiefen Bodensenke Al-Ghawr (Jordangraben).
80 % des Wassers stammt vom größten Fluß, dem Jordan.

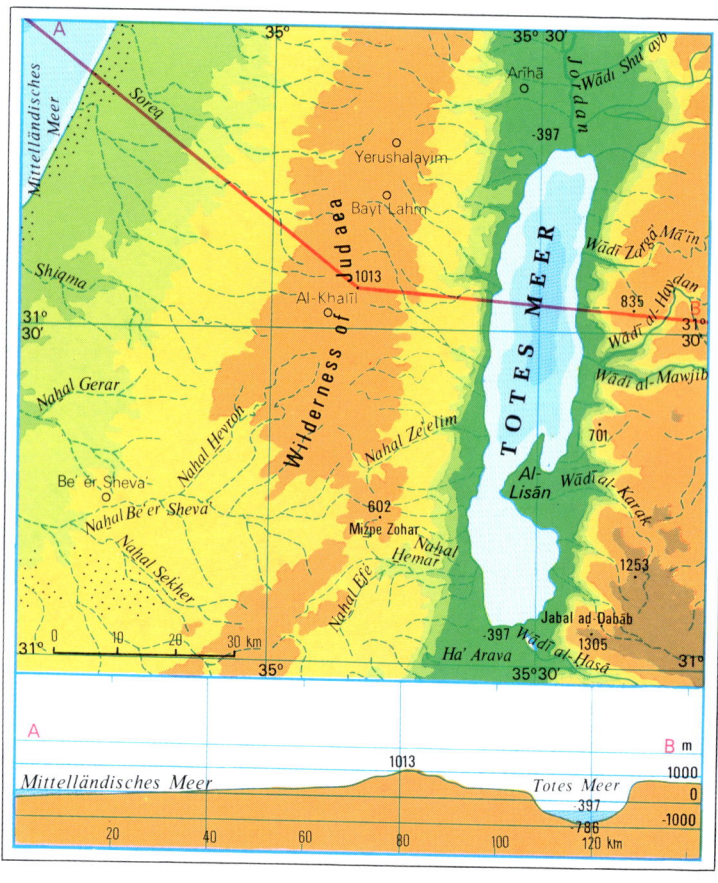

Das Tote Meer

Das Tote Meer liegt **im größten Tiefland der Welt.** Es ist der Rest eines Sees, der im älteren Quartär den tiefsten Teil des Jordangrabens (Al-Ghawrgraben) füllte. Sein Wasserspiegel lag 160 m unter dem Meeresspiegel. Die Halbinsel Al-Lisan, die von der östlichen Küste ausläuft, teilt den See in zwei Teile. Der südliche Teil ist kleiner und sehr seicht, die größte Tiefe beträgt nur 9 m. Im nördlichen Teil ist der See 200–401 m tief.
Das Klima in der Umgebung des Toten Meeres ist trocken und heiß mit geringen Mengen an Niederschlägen, 50–100 mm jährlich, und hohen Lufttemperaturen mit durchschnittlichen Werten von 12 °C im Winter und 31 °C im Sommer. Im Durchschnitt über Jahrhunderte hinweg wurden Höhenunterschiede beim Wasserstand bis zu 12 m registriert.
Die starke Abdampfung, die dem Jahreszufluß von Fluß- und Niederschlagswasser gleicht (etwa 1200 Mill. m³), hat eine übermäßige Konzentration von Salz zur Folge. Wegen der Salinität (260–310 ‰), die 7,5 mal höher ist als beim Meerwasser, findet sich im Toten Meer fast kein organisches Leben.

Depressionen

Name	Staat	Meter unter dem Meeresspiegel
Graben des Toten Meeres	Israel, Jordanien	397
Yam Kinneret	Israel, Syrien	209
Assalsee	Djibouti	173
Turpan Pendi	China	154
Munkhafad al Qattarah	Ägypten	133
Karagie	Kasachstan	132
Denakil	Äthiopien	116
Gran Bajo de San Julián	Argentinien	105
Death Valley	Vereinigte Staaten	86
Akdżakaja	Turkmenistan	81
Salton Sea	Vereinigte Staaten	72
Kaundy	Kasachstan	57
Birkat Qarun	Ägypten	45
Lago Enriquillo	Dominikanische Republik	40
Salinas Grandes	Argentinien	40
Sarykamysskoe ozero	Usbek., Turkmen.	39
Salina Qualicho	Argentinien	35
Wahat Siwah	Ägypten	32
Chott Melghir	Algerien	30
Prikaspijskaja nizmennosť	Rußland, Kasachstan	28
Wadi an-Natrun	Ägypten	28
Lake Eyre	Australien	16
Nildelta	Ägypten	13

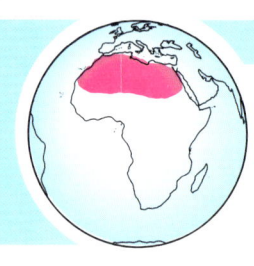

Die größte Wüste

Sahara, 7 820 000 km²
Afrika
Sie erstreckt sich auf dem Gebiet von 11 Ländern zwischen dem Atlantischen Ozean und dem Roten Meer im Norden Afrikas.
Sie nimmt etwa 1/4 des afrikanischen Festlandes ein.
Ihre größte Ausdehnung von Osten nach Westen ist 5150 km, von Norden nach Süden zwischen 1275 und 2250 km.
Höchster Punkt: Emi Koussi (3451 m) im Gebirge Tibesti im Tschad.
Tiefster Punkt: Depression Munkhafad al-Qattarah (-133 m) im nördlichen Ägypten.

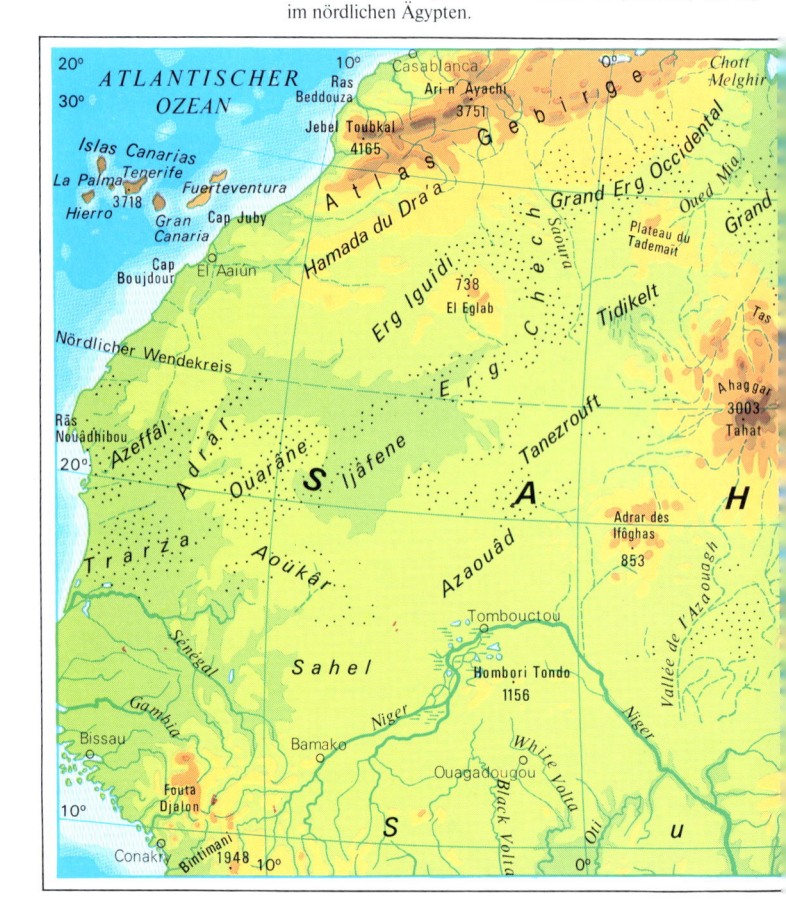

Den überwiegenden Teil des Gebietes bilden Plateaus, 200–500 m hoch, im Zentrum der Sahara ragen Bergmassive auf. Auf den Hochebenen erstrecken sich Felswüsten, in den Senken Schotter- und Sandwüsten. Die Oasen nehmen etwa 200 000 km² ein. Ausgeprägtes trockenes und heißes Klima mit großen Temperaturunterschieden zwischen Nacht und Tag und häufigen Sandstürmen.
Durchschnittstemperatur im Januar 10–16 °C, im Juli 20–37 °C.
Gesamte durchschnittliche Jahresniederschläge 25–200 mm.

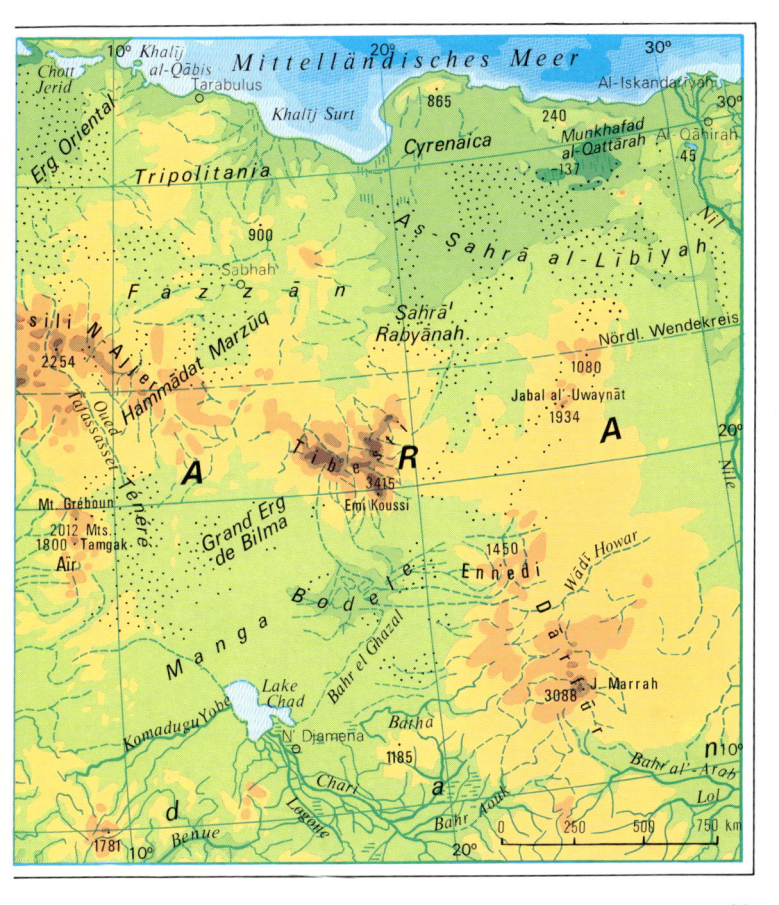

Sahara – vorherrschender Wüstentyp

Sahara – gewehter Sand

Wüsten

Unter dem Begriff Wüste versteht man eine Gegend mit sehr spärlichem oder ohne jeden Pflanzenbewuchs und einer artenarmen Tierwelt. Das wichtigste Merkmal einer Wüstengegend ist der Wassermangel in jeder Form. Der Gesamtwert der jährlichen Niederschläge bleibt sehr niedrig, unter 250 mm. Der Regen fällt unregelmäßig. Gewöhnlich kommen nach langen trockenen Zeitabschnitten, die Monate bis einige Jahre dauern können, plötzlich heftige, mehrtägige Regengüsse.
Die Wüstenoberfläche hat verschiedene Formen. Manchmal wird sie durch kahle, schnell verwitternde Gesteine gebildet, in anderen Gegenden ist sie bedeckt mit Felsen, Schotter oder Sand. Wüsten entstehen in trockenen Gebieten der tropischen, subtropischen oder gemäßigten Zone, wo die Abdampfung die Niederschlagsmenge übertrifft. Verbreitet sind sie in Ländern mit regelmäßigen trockenen Winden vom Festland, eventuell im Regenschatten von hohen Gebirgen. Wir finden sie aber auch in Gegenden mit kühlem Polarklima und ständiger Schnee- oder Eisdecke.
Wüstengebiete nehmen gegenwärtig etwa 1/8 des Festlandes ein. **Den größten Anteil**, bis zu **75 %**, haben sie in **Australien**. Der einzige Kontinent ohne Wüste ist Europa. Die Fläche der Wüsten wächst jedes Jahr etwa um 60 000 km² an.
Die höchstgelegene Wüste ist **Qaidam Pendi** im Hochland von Tibet mit einer durchschnittlichen Meereshöhe von fast **3000 m.**
Die größten Temperaturunterschiede hat die **Gobi**, im Sommer bis **45 °C** und im Winter **-40 °C.**
Die größte Sanddüne, fast **5 km** lang und **430 m** hoch, wurde in der Sandwüste der Sahara in der Gegend von Isaouane-n-Tifermine im Osten von Mittelalgerien entdeckt.

Die größten Wüsten

Name	Kontinent	Fläche in km²
Sahara	Afrika	7 750 000
Gobi	Asien	900 000
Ar-Rub' al-Khali	Asien	800 000
Kalahari	Afrika	518 000
Great Sandy Desert	Australien	420 000
Taklimakan Shamo	Asien	400 000
Badiyat ash-Sham	Asien	350 000
Karakum	Asien	260 000
As-Sahra' an-Nubah	Afrika	250 000
Kyzylkum	Asien	240 000
Gibson Desert	Australien	220 000
Simpson Desert	Australien	200 000
Desierto de Atacama	Südamerika	160 000
As-Sahra' ash-Sharqiyah	Afrika	130 000

Das größte Hochplateau

Qing Zang Gaoyuan (Tibet), fast **2 000 000 km²**
Asien, Staat: China
Bod jul (tibet.)
Das höchstgelegene Hochplateau mit einer durchschnittlichen Höhe von **4875 m.ü.d.M.**, umgeben von hohen Gebirgen.

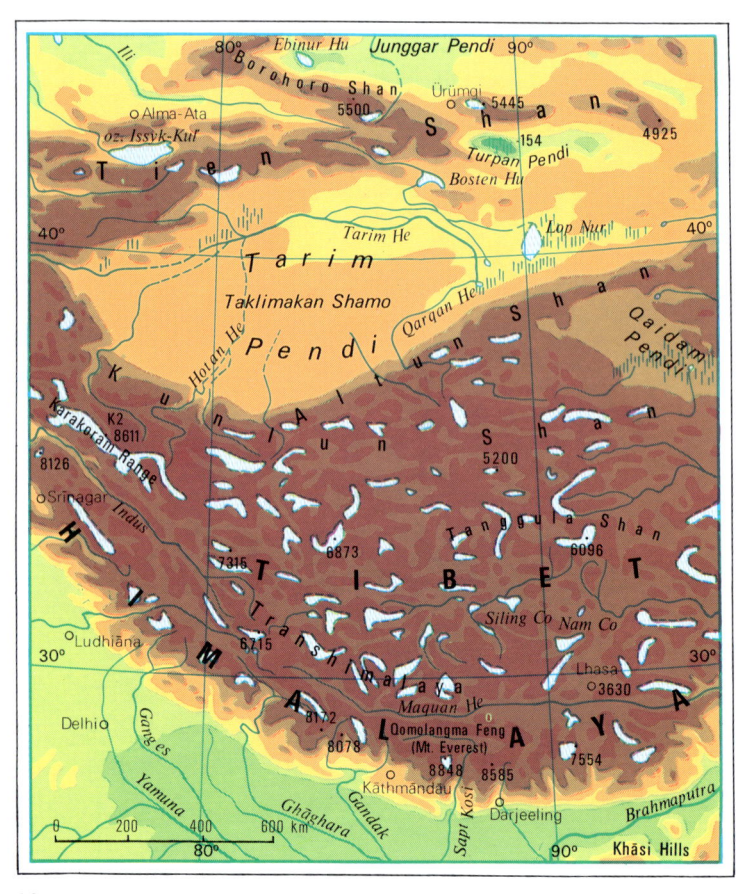

Das Hochgebirgsklima, ausgeprägt trocken mit jährlichen Gesamtniederschlägen von 100–200 mm, wird verursacht durch den Wall der Himalaja-Gebirge, die ein Durchdringen der feuchten Luftmassen von Süden verhindern.
Die Schneegrenze verläuft in einer Höhe von 5800 m.ü.d.M.
Von Osten nach Westen durchqueren über 7000 m hohe Gebirge das Plateau; in den Tälern zwischen ihnen befinden sich viele Seen.
Überwiegend felsige Oberfläche und trockene Wüstengebiete, bedeckt mit spärlichem Gras.

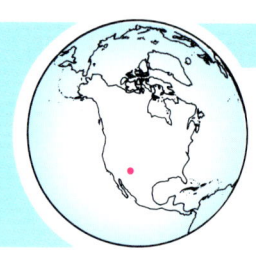

Das größte Tal

Grand Canyon, Länge **350 km**, Tiefe fast **2 km**
Breite am oberen Rand **16 km**
Nordamerika, Staat: USA
Der riesige Cañon entstand durch Erosion des Colorado in den Gesteinen des Colorado-Plateaus in Arizona.
Steile bis vertikale Hänge mit gut sichtbarer Ablagerung von Gesteinsschichten, mit einer Vielzahl stufenweise angeordneter Felsgebilde verschiedenster Gruppierung und Form.

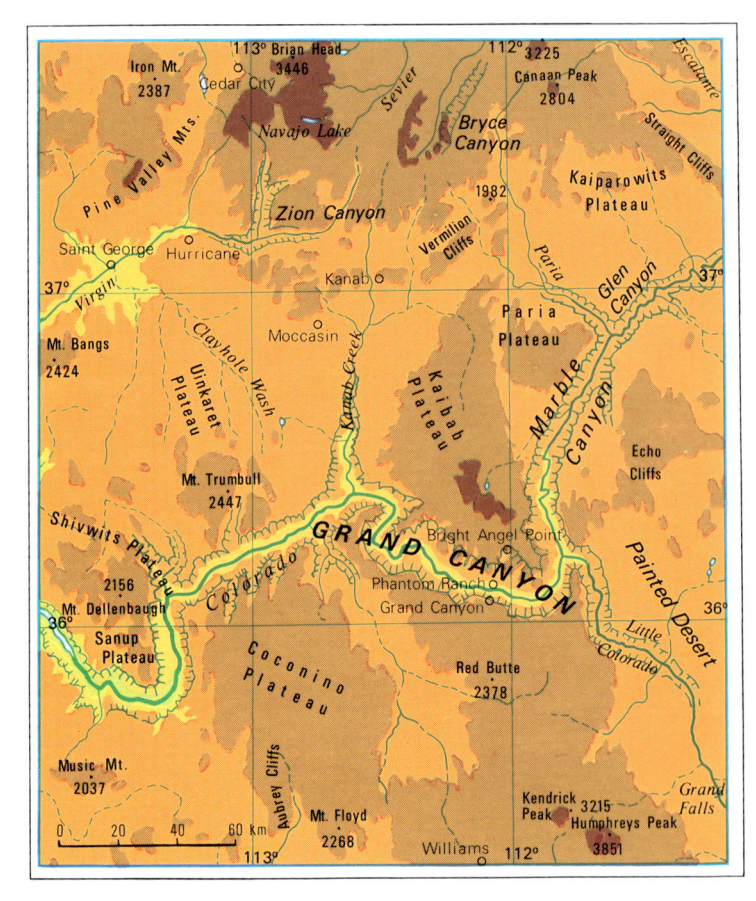

Das Flußbett des Colorado im Talgrund ist 30 m tief und nur 7 m breit.
Der Cañon ist Bestandteil des Nationalparks Grand Canyon mit einer Fläche von 4930 km².
Die ersten Europäer, die im Jahre 1540 zum Grand Canyon kamen, waren die spanischen Eroberer unter der Führung von G.L. de Cardenaz.

Die größte Tiefebene

Amazonas-Tiefebene, 5 000 000 km²
Südamerika, Staat: Brasilien
Weites flaches Becken, durchzogen von Tälern des Amazonas und seiner Nebenflüsse.
Feuchtes äquatoriales Klima mit Durchschnittstemperaturen von 24–27 °C und mit jährlichen Niederschlägen von 4000 mm.
In den tropischen Urwäldern wachsen seltene Holzarten.

Grotten und Klüfte

Grotten sind unterirdische Räume der verschiedensten Formen und Größen. Wir unterscheiden primäre und sekundäre Grotten.
Die primären sind gleichzeitig mit dem Gestein entstanden, es sind **Lava- und Korallengrotten.** Lavagrotten wurden in den Höhlen durch Gase, eventuell durch fließende Lavaströme unter deren Oberfläche gebildet, Korallengrotten in Höhlen von Korallenbänken.
Sekundärgrotten bilden sich unter dem Einfluß verschiedener äußerer Faktoren in schon existierenden Gesteinen. Durch mechanische Tätigkeit der Wellen an der Meeresküste entstehen **Brandungsgrotten** (Abrasionsgrotten). Die größten und verbreitesten **Grottenräume** entstehen jedoch durch das chemische Wirken des Wassers in Kalksteinen, Dolomiten und anderen Gesteinen. Ein bedeutender Faktor bei der Entstehung dieser Karstgrotten ist das Regenwasser, das entlang von Sprüngen, Rissen und Schichtspalten in das Steinmassiv eindringt und sie durch allmähliches Auflösen des Kalksteins erweitert. Das Resultat des langjährigen Einwirkens sind weite unterirdische Räume, meist in mehreren Ebenen übereinander. In ihnen modelliert das gefällte Kalziumkarbonat interessante Gebilde der verschiedensten Formen, bekannt als Karstdekoration. Es sind die zapfenartigen hängenden Stalaktite, aus der Erde wachsende Stalagmite, säulenförmige Stalagnate (gewöhnlich entstehen sie durch die Verbindung von Stalaktiten und Stalagmiten), Gebilde wie Vorhänge oder Wasserfälle, kleine Sintereseen.
Durch Einsturz von Grottendecken, eventuell durch Auflösen von Gestein entlang der vertikalen Sprünge bilden sich vertikale Grotten von schachtartigem Charakter.
Wenn die Tiefe größer ist als die Breite, bezeichnen wir sie als Klüfte. Sie haben steile Felswände, können einige hundert Meter tief sein und enden in erweiterten Grottenräumen. Manchmal ist es nicht ganz klar, ob es sich um eine Kluft oder eine Grotte handelt. In einigen Publikationen wird z.B. **Réseau Jean Bernard** als **tiefste Kluft** erwähnt, in anderen als tiefste Grotte in Frankreich (**1535 m;** Alpen, unweit der französisch-schweizerischen Grenze, ihr Eingang liegt in einer Höhe von 2150 m). Als **tiefste Schluchten** werden hier **Chourun-Martin** (über **500 m** tief) in Frankreich, **Busso de le Lume** (**460 m**) in Italien oder Sotano **del Barro** (**410 m**) in Spanien angeführt.

Die tiefsten Grotten

Name – Staat	Tiefe m
Réseau Jean Bernard – Frankreich	1 535
Snĕžnaja peščera – Rußland	1 370
Puerta Illamira – Spanien	1 338
Sistema Huautla – Mexiko	1 252
Schwersystem – Österreich	1 219
Complesso Fighiera Carchia – Italien	1 208
Annou Ifflis – Algerien	1 077
Siebenhengste System – Schweiz	912
Jama u Vjetrna brda – Slowenien	897
Nattlebend System – Neuseeland	870
Jaskinia Sniezna – Polen	775
Ghar Parau – Iran	751

Die längsten Grotten

Name – Staat	Länge km
Mammoth Cave/Flint Ridge – USA	530
Hölloch – Schweiz	78
Eisriesenwelt – Österreich (Salzburg)	42
Greenbrier Caverns – USA (West Virginia)	24,3
Domica – Slowakische Republik/ Ungarn	22
Jewel Cave – USA (South Dakota)	21
Anvil Cave.– USA (Alabama)	19,2
Dent de Crolles – Frankreich	18
Tantalhöhle – Österreich (Salzburg)	16
Postojnska jama – Slowenien	15
Agen Alwedd Cave – Großbritannien (Wales)	14,4
Demänovská jaskyňa – Slowakische Republik	14
Dachsteinhöhle – Österreich	14
Sullivan Cave – USA (Indiana)	13,6

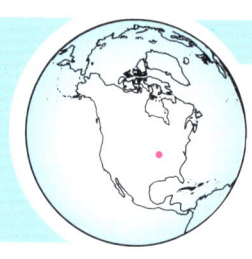

Das längste Grottensystem

Mammoth Cave, 530 km
Nordamerika, Staat: USA (Kentucky)
Mammoth Cave (engl.) = Mammut-Höhle
Länge der für die Öffentlichkeit zugänglichen Teile 15 km.
Die Mammut-Höhle entdeckte im Jahre 1799 der Bärenjäger Houchins.
Eine Verbindung zwischen den Höhlensystemen der Mammut-Höhle und dem Grottensystem im Gebirge Flint Ridge bestätigte eine Forschungsgruppe unter der Leitung von J. P. Wilkox und P. Crowther am 9. 9. 1972.
Das Grottensystem ist Bestandteil des Nationalparks Mammoth Cave.

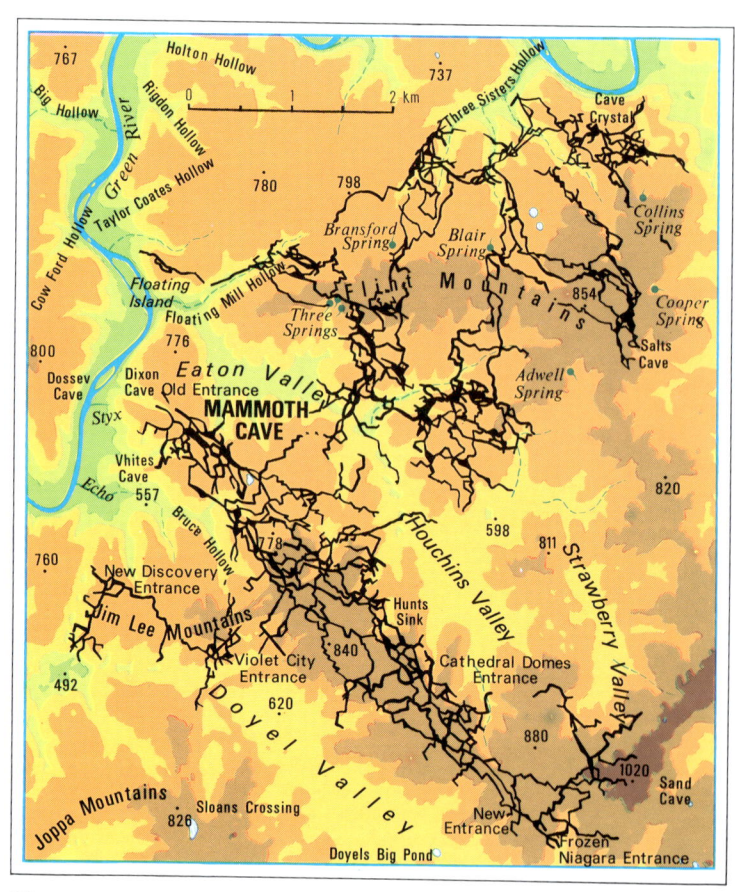

Rekorde der Grotten

Die höchstgelegene Grotte, **Radhiot Pic** im Kaschmir, liegt in einer Höhe von **6600 m**.
Als **größter unterirdischer Saal** gilt **Sarawak Chamber** auf der Insel Kalimantan. Er ist **700 m lang**, **300 m breit** und **70 m hoch**.
Die größte Lavagrotte, **Cueva de los Verdes**, entstand auf den Kanarischen Inseln (Islas Canarias). Sie ist **6 km lang**, **24 m breit** und **15 m hoch**.
Die größte Eishöhle ist die **Eisriesenwelt** in Österreich, deren erforschter Teil eine Länge von **42 km** hat.
Der höchste Stalagmit mißt **32,7 m** und befindet sich in der **Krásnohorská jaskyňa** im Slowakischen Karst.
Der längste Stalaktit ist in der spanischen Grotte **Cueva der Nerja**, seine Länge beträgt **59 m**.
Der längste Grottenpfeiler ist **39 m** hoch und befindet sich in der chinesischen Grotte **Daji Dong**.

Domica – die fünftlängste Grotte

Erde – *Klima*

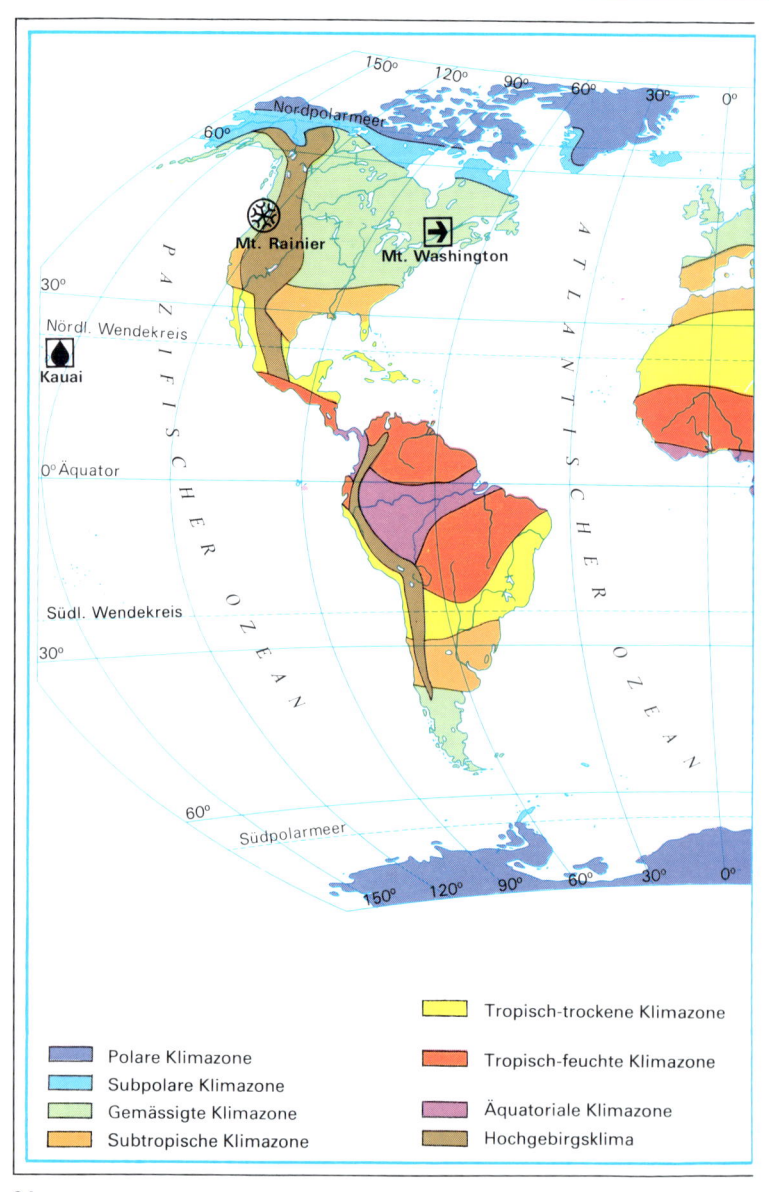

◼ Polare Klimazone	◼ Tropisch-trockene Klimazone
◼ Subpolare Klimazone	◼ Tropisch-feuchte Klimazone
◼ Gemässigte Klimazone	◼ Äquatoriale Klimazone
◼ Subtropische Klimazone	◼ Hochgebirgsklima

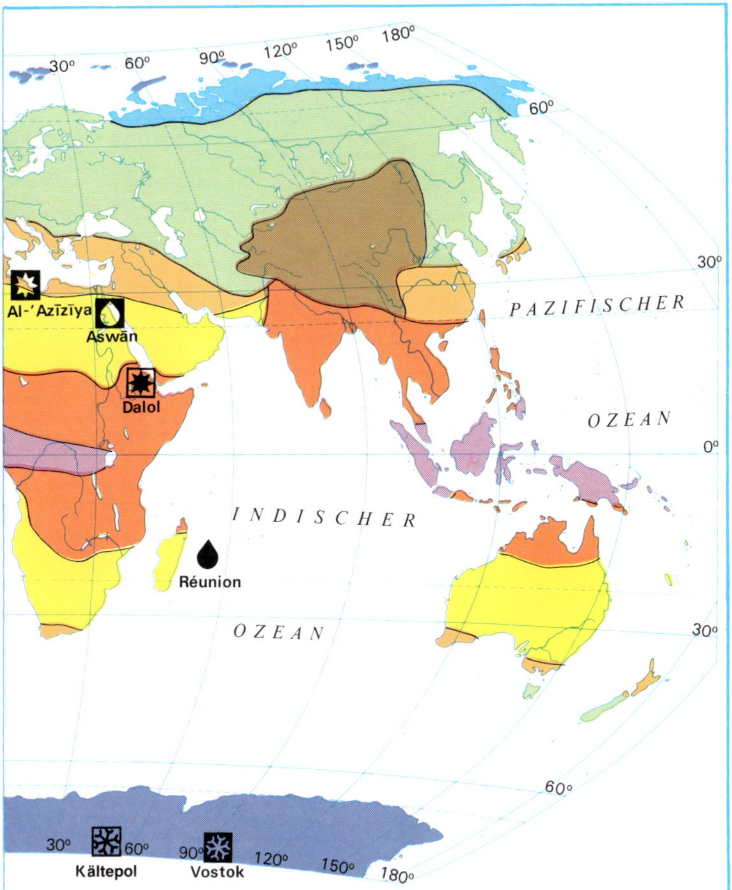
30°
60°
90°
120°
150°
180°
60°
30°
0°
30°
60°
Al-'Azīzīya
Aswān
Dalol
Réunion
PAZIFISCHER
OZEAN
INDISCHER
OZEAN
Kältepol
Vostok

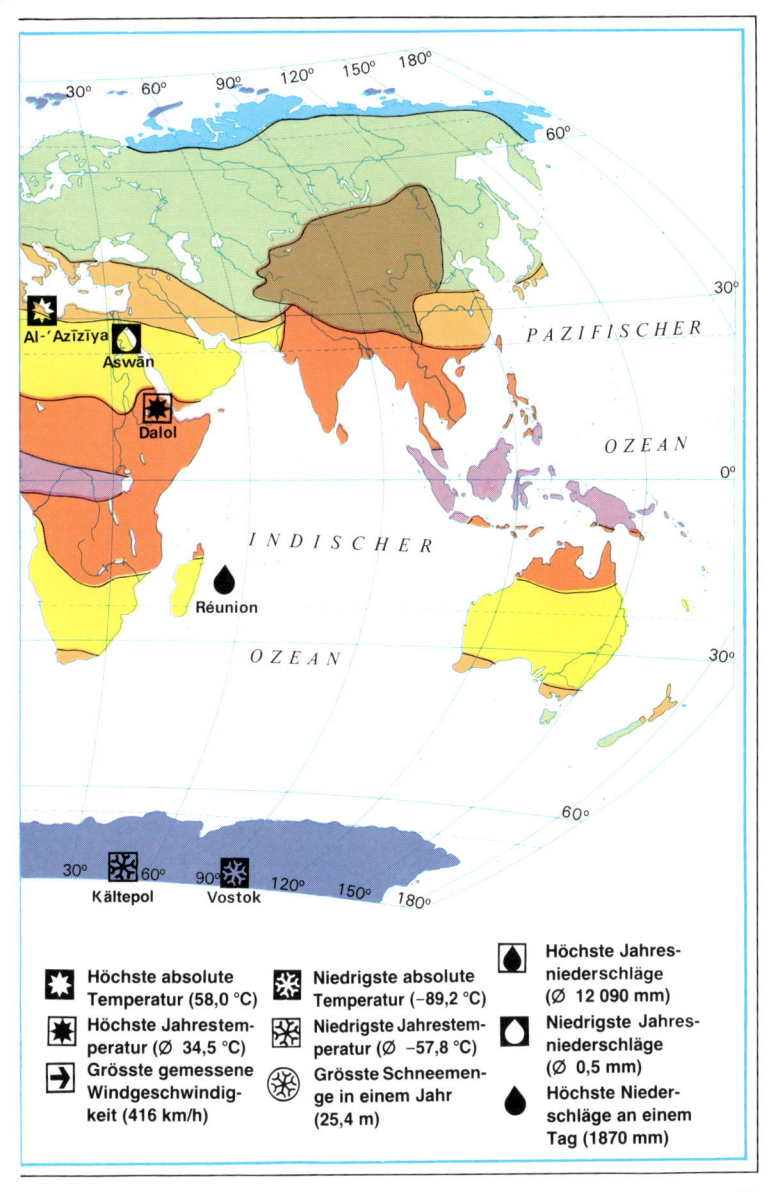

- Höchste absolute Temperatur (58,0 °C)
- Höchste Jahrestemperatur (Ø 34,5 °C)
- Grösste gemessene Windgeschwindigkeit (416 km/h)
- Niedrigste absolute Temperatur (–89,2 °C)
- Niedrigste Jahrestemperatur (Ø –57,8 °C)
- Grösste Schneemenge in einem Jahr (25,4 m)
- Höchste Jahresniederschläge (Ø 12 090 mm)
- Niedrigste Jahresniederschläge (Ø 0,5 mm)
- Höchste Niederschläge an einem Tag (1870 mm)

Europa

Barentssee
30°
40°
50°
70°
60°
poluostrov Kanin
Pečora
1894
Kol'skij poluostrov
Lappland
Beloe more
Mezen'
Timanskij Krjaž
Severnyj Ural
Sosva
Ob'
Severnaja Sos'va
Zapadno-Sibirskaja ravnina
Irtyš
Tavda
Vyčegda
Severnye uvaly
1570
Srednij Ural
Oulujärvi
Onega
Severnaja Dvina
Onežskoe ozero
Kama
Južnyj Ural
1638
Saimaa
Ladožskoe ozero
Rybinskoe vdhr.
Vjatka
Belaja
Finnischer Meerbusen
Volhov
Valdajskaja vozvyšennost'
Čudskoe ozero
Volga
Vostočno-Evropejskaja ravnina
Kujbyševskoe vdhr.
347
370
Baltijskaja grjada
Zapadnaja Dvina
Privolžskaja vozvyšennost'
Oka
50°
Nemunas
Srednerusskaja vozvyšennost'
Dnepr
274
345
Ural
Prikaspijskaja nizmennost'
Emba
Pinskie bolota
Pripjat'
Desna
Kievskoe vdhr.
Don
Cimljanskoe vdhr.
Bug
Volga
Kaspisches Meer
Dnepr
Severskij Donec
Ergeni
433
Podol'skaja vozvyšennost'
Don
Karpaten
Dnestr
Južnyj Bug
Manyč
-132
Kuma
Azovskoe more
Kuban'
Terek
-28
Alföld
Prut
Krymskij poluostrov
Kerčenskij proliv
Bol'šoj Kavkaz
gora El'brus
5642
5047
2543
1545
Walachei
Kura
40°
Danube
Schwarzes Meer
Malyj Kavkaz
Morava
Stara Planina
-2245
4095
oz. Sevan
2925
İstanbul Boğazı
Doğu Karadeniz
Rhodope Mountains
Kızıl
Munzur Dağları
Marmara Denizi
Limnos
Çanakkale Boğazı
Asia Minor
Tuz Gölü
Tigris
Pindhos Oros
2917
Mitilini
Jabal Sinjār
Ägäisches Meer
Khios
Mesopotamien
Kikládhes
Dhodhekánisos
Toros Dağları
Pelopónnisos
3073
Ródhos
Jabal Abū Rujmayn
Euphrat
30°
Meer
Kriti
Cyprus
Bādiyat ash-Shām

Europa erstreckt sich auf der nördlichen Halbkugel, im Osten grenzt es an Asien in einer Länge von 3500 km und ist eigentlich eine große Halbinsel des einheitlichen Festlandes Eurasien. Europa ist jedoch aus historischen und kulturellen Gründen ein selbständiger Kontinent. Sein Name enstand aus dem akkadischen „ereb", die Abenddämmerung oder „das Land, wo die Sonne untergeht". Die Alten Griechen änderten den semitischen Namen in „Europe". Europa mißt mehr als 10,5 Mill. km^2, das sind 7 % der Fläche des Festlandes auf der Erde.

Der nördlichste Punkt des Festlandes ist **Kap Nordkinn** in Norwegen, 71°08' n.Br. (des gesamten Kontinents: Kap Fligeli auf der Insel ostrov Rudolfa in Zemlja Franca Iosifa, 81°51' n.Br.), **am südlichsten** liegt **Punta Marroqui** in Spanien auf der Straße von Gibraltar, 35°58' n.Br. (die Insel Gávdhos nahe der Südküste von Kreta, 34°48' n.Br.), **der westlichste** ist **Cabo da Roca** in Portugal, 9°29' w.L. (Kap Bjargtangar auf Island, 24°32' w.L.) und **am östlichsten** liegt die **Mündung des Flusses Bajdarata** in Karskoe more, 68°41' ö.L. (Kap Flissingskij in Novaja Zemlja, 69°09' ä.L.)

Die Länge der Küstenlinie ohne Inseln ist 37 900 km. Die Grenze zu Asien wird meistens am östlichen Fuß des Urals gezogen, am Fluß Emba entlang ins Kaspische Meer, weiter durch Kumo-Manyčskaja vpadina zur Mündung des Dons in das Asowsche Meer.

Den geologischen Kern des Kontinents bildet das alte Kristallmassiv Fennosarmatia, das sich im Norden und Osten erstreckt. Von Süden und Südwesten umgeben es allmählich drei jüngere gebirgsbildende Systeme: das kaledonische Paläoeuropa, das variskische Mesoeuropa und das jüngste alpinische Neoeuropa im Süden.

An der verhältnismäßig bunten Oberfläche überwiegen weite Tiefländer. Sie erstrecken sich an der Küste des Atlantischen Ozeans, des Nordmeeres und der Ostsee, sie nehmen fast ganz Osteuropa ein. Im Norden steigen die Skandinavischen Berge auf, im Osten das längste europäische Gebirge, der Ural (2500 km), und im Norden von Großbritannien das Schottische Hochland.

Den mittleren und südlichen Teil des Kontinents bedecken Bergmassive verschiedenen Alters. Am höchsten ragen die Alpen und die Pyrenäen auf, und breit die Karpaten und das Dinarische Gebirge. Gebirgssysteme nehmen auch die drei südlichen Halbinseln und die Inseln im Süden des Festlandes ein. Der nördliche Teil Europas und die höchsten Gipfel der Pyrenäen, Alpen und Karpaten sind von Gletschertätigkeit gezeichnet. Im Süden des Festlandes und auf Island dauern Vulkantätigkeit und Erdbeben an.

Das Klima wird entscheidend beeinflußt von der Lage des Kontinents in der gemäßigten Zone, vom Atlantischen Ozean mit dem warmen Golfstrom im Westen und dem riesigen asiatischen Festland im Osten. Europa gehört zu vier Klimazonen. Die subpolare Zone nimmt eine kleine Fläche im Norden des Festlandes mit den anliegenden Inseln ein, die subtropische Zone Südeuropa. Zwischen ihnen liegt die ausgedehnte gemäßigte Zone. Im Westen überwiegt das maritime Klima mit kleinen Unterschieden zwischen Sommer und Winter, im Osten das kontinentale mit langem Winter und heißem Sommer. Die Temperaturen steigen von Norden nach Süden an und die Niederschläge von Osten nach Westen. Ein eigenes Klima haben die Gebirgszüge, wo die Temperatur mit steigender Meereshöhe sinkt.

Das Flußnetz ist dicht und gut ausgebildet. 4/5 der Festlandfläche gehören zum Stromgebiet des Atlantischen Ozeans, 1/5 bildet das abflußlose Gebiet des Kaspischen Meeres. Seen nehmen etwa 168 000 km^2 ein und haben verschiedenen Ursprung. Die größten sind Reste von Festland- und Hochgebirgsvergletscherung im Norden Europas und in der Alpenzone.

Die größten Inseln

Name	Fläche km²
Großbritannien	216 325
Island	102 829
Irland	83 849
Novaja Zemlja (Nordinsel)	48 905
Spitzbergen (Svalbard)	39 044
Novaja Zemlja (Südinsel)	33 275
Sizilien	25 426
Sardinien	23 813
Nordaustlandet	14 530
Korsika	8 681
Kriti (Kreta)	8 259
Sjaelland (Seeland)	7 015
Kolgujev	5 250
Edgeøya	5 030
Évboia	3 654
Mallorca	3 411
Vajgač	3 380
Gotland	3 001

Die höchsten Berge

Name – Staat	Höhe m
Mont Blanc – Frankr., Ital.	4 807
Monte Rosa – Schweiz, Ital.	4 634
Dom – Schweiz	4 545
Weißhorn – Schweiz	4 506
Matterhorn (Monte Cervino) – Schweiz, Ital.	4 478
Dent Blanche – Schweiz	4 357
Grand Combin – Schweiz	4 314
Finsteraarhorn – Schweiz	4 274
Aletschhorn – Schweiz	4 195
Jungfrau – Schweiz	4 158
Barre des Écrins – Frankr.	4 103
Gran Paradiso – Ital.	4 061
Piz Bernina – Schweiz	4 049
La Meije – Frankr.	3 987
Eiger – Schweiz	3 970
Mont Pelvoux – Frankr.	3 946
Ortles – Ital.	3 899
Monte Viso – Ital.	3 841

Die längsten Flüsse

Name	Länge km	Stromgebiet km²
Volga	3 531	1 360 000
Donau	2 850	817 000
Ural	2 428	231 000
Dnepr	2 201	503 000
Kama	2 032	522 000
Don	1 870	423 000
Pečora	1 809	322 000
Oka	1 480	245 000
Belaja	1 420	142 000
Vjatka	1 367	129 000
Dnestr	1 352	72 000
Rhein	1 326	224 400
Severnaja Dvina (– Suhona)	1 302	367 000
Desna	1 187	89 000
Elbe	1 165	144 055
Vyčegda	1 070	123 000
Wisla	1 047	194 424
Loire	1 020	115 000
Zapadnaja Dvina	1 020	88 000
Tisza	997	157 000
Meuse (Maas)	950	49 000

Die größten Seen

Name	Fläche km²	Maximale Tiefe m	Meereshöhe m
Ladožskoe ozero (Ladogasee)	18 400	225	4
Onežskoe ozero	9 616	120	32
Vänern	5 585	93	44
Saimaa	4 400	58	76
Čudskoe und Pskovskoe ozero	3 650	14	30
Vättern	1 912	120	88
Ijsselmeer	1 250	6	0
Vygozero	1 159	40	29
Mälaren	1 140	64	1
Beloe	1 125	11	110
Päijänne	1 090	93	78
Inarijärvi	1 000	60	114
Il'men'	982	11	18
Oulujärvi	980	38	124
Topozero	910	56	109
Kallavesi	900	102	85
Imandra	880	67	126
Pielinen	850	48	94
Segozero	752	97	110
Balaton (Plattensee)	591	11	106
Lac Léman (Genfer See)	582	310	372

Aktive Vulkane

Name – Staat, Insel	Meereshöhe m	Letzter Ausbruch
Monte Etna (Ätna) – Italien	3 340	1986
Beerenberg – Norwegen, Jan Mayen	2 278	1971
Askja – Island	1 510	1961
Hekla – Island	1 491	1981
Vesuvio – Italien	1 279	1949
Pico Gorda – Portugal, Azoren	1 021	1968
Stromboli – Italien, Isole Eolie	926	1975

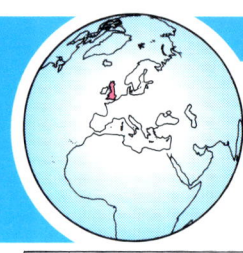

Die größte Insel

Great Britain (Großbritannien), 216 325 km²
Staat: Vereinigtes Königreich Großbritannien und Nordirland

Die Insel vom Typ einer Festlandinsel wurde von Europa im Quartär durch den Ärmelkanal (English Channel, La Manche) und die Nordsee abgetrennt.

Die größte Halbinsel

Skandinavische Halbinsel, 762 500 km²
Staat: Schweden, Norwegen, teilweise Finnland
Länge 1900 km, Breite etwa 800 km.
Halbinsel im Norden Europas, umgeben von den Randmeeren des Atlantischen Ozeans und des Nordpolarmeeres.
Die Oberfläche ist im Westen hügelig mit einer maximalen Höhe in Glittertind (2470 m), im Osten und Südosten erstrecken sich Tiefebenen.
Die Küste ist gegliedert von vielen Fjorden im Westen und Norden.

Das höchste Gebirge

Alpen, 4807 m (maximale Höhe)
Erstrecken sich auf dem Gebiet von 7 Staaten.
Das einzige europäische Gebirge mit Gipfeln über 4000 m
hat eine Länge von etwa 1200 km, eine Breite von 135
bis 260 km und eine Fläche von etwa 250 000 km².
Das bogenförmige Gebirge entstand im jüngeren Mesozoikum und Tertiär zwischen dem Golf von Genua und dem Pannonischen Becken.
Die Senke zwischen Bodensee und Lago di Como teilt sie in die höheren und mächtigeren Westalpen und die niedrigeren und mehr gegliederten Ostalpen.

Monte Rosa in den Walliser Alpen

Der höchste Berg

Mont Blanc, 4807 m
Grenze zwischen Frankreich und Italien, nahe der Grenze zur Schweiz.
Gebirge: Alpen
Mont Blanc (franz.), Monte Bianco (ital.) = Weißer Berg
Er ragt aus dem mächtigen gleichnamigen Massiv in den Westalpen heraus, das mehrere Gipfel über 4000 m Höhe hat.
An den Hängen liegen 17 Gletscher, die vereiste Fläche umfaßt etwa 277 km^2.
Erster Aufstieg zum Gipfel: die Franzosen Jacques Balmat (Gemsenjäger) und Michel Gabriel Paccard (Arzt aus Chamonix) im Jahre 1786.

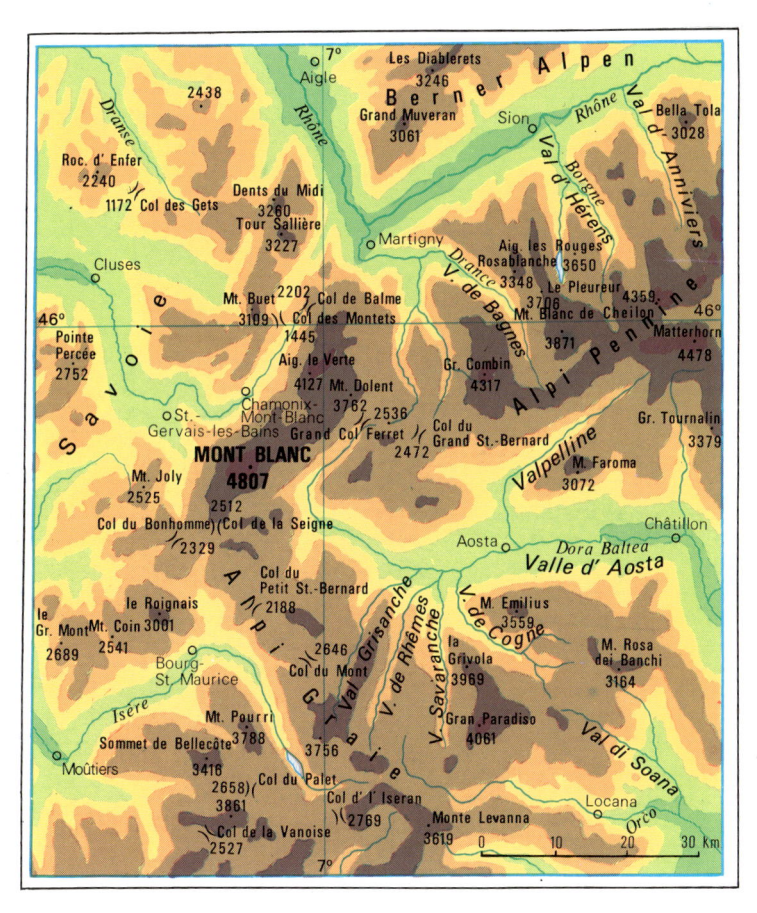

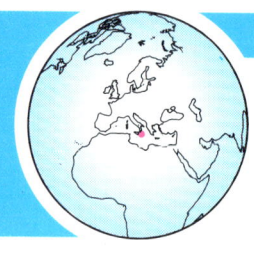

Der höchste Vulkan

Monte Etna (Ätna), 3340 m
Staat: Italien
Basisumfang 145 km
Aktiver Vulkan an der östlichen Küste von Sizilien, letzter Ausbruch im Jahre 1986.
Exzentrischer Vulkan, kegelförmig mit mäßigen Hängen, an denen sich einige hundert parasitische Krater befinden. Der Gipfel ist oft mit Schnee bedeckt.

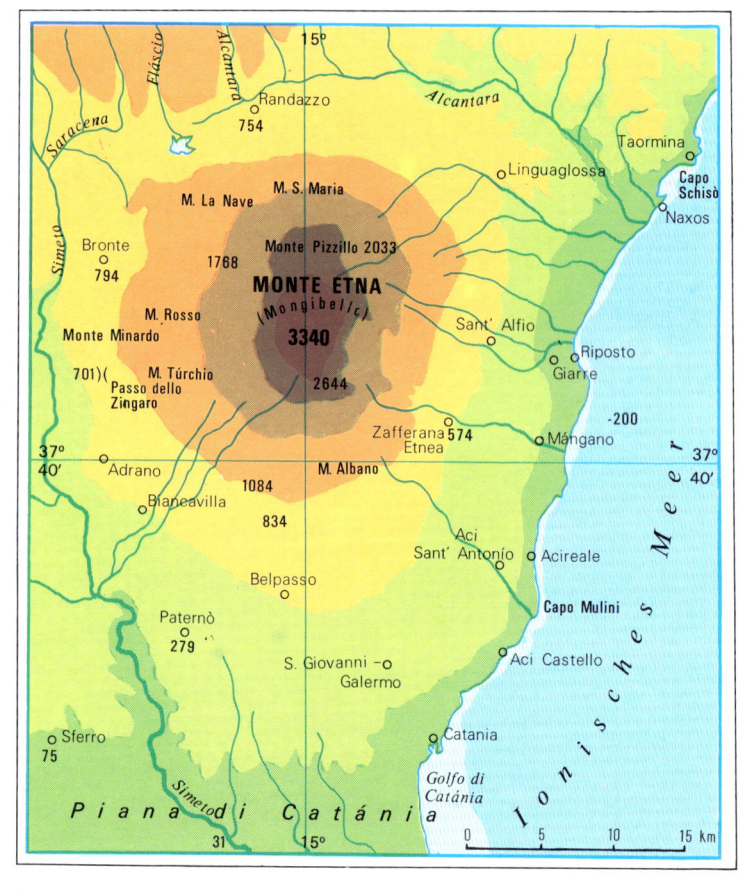

Der niedrigste Punkt

Prikaspijskaja nizmennosť, 28 m unter dem Meeresspiegel
Staat: Rußland, Kasachstan
Fläche etwa 200 000 km², davon entfallen mehr als
50 % auf eine Depression, die sich unter dem Meeresspiegel erstreckt.
Weite Tiefebene entlang der Nordküste des Kaspischen Meeres, benannt nach den Kaspen, den Ureinwohnern der Steppe.
Die ebene Oberfläche mit einigen isolierten Erhebungen wird von ausgedehnten Flußtälern durchzogen.
Im beckenartigen Tiefland befand sich im Quartär ein Meer.

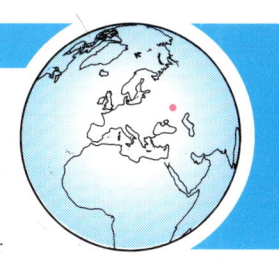

Der längste Fluß

Volga (Wolga), 3531 km
Staat: Rußland
Der jährliche Abfluß des Wassers beträgt 252 km³, der durchschnittliche Zufluß etwa 8000 m³/s.
Das Stromgebiet (1 360 000 km²) umfaßt etwa 151 000 Flüsse, Bäche und zeitweilige Ströme.
Das Delta hat eine Fläche von 13 000 km², jährlich rückt es um 160–180 m ins Meer vor.
Der Fluß entspringt auf den Waldajhöhen (Valdajskaja vozvyšennosť) und mündet ins Kaspische Meer.

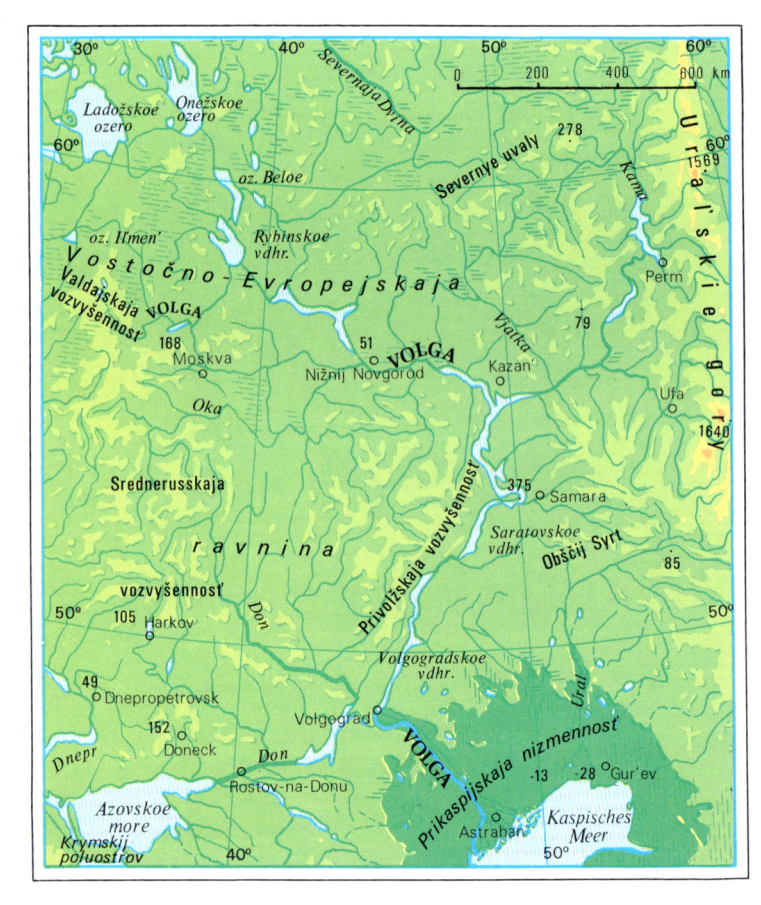

Der größte See

Ladožskoe ozero (Ladogasee), 18 400 km²
Staat: Rußland
Länge 219 km, Volumen 908 km³.
Breite maximal 120 km, durchschnittlich 83 km.
Tiefe maximal 215 m, durchschnittlich 51 m.
Der See ist glazial-tektonischen Ursprungs und befindet sich im Nordwesten Rußlands.
Im See sind etwa 660 Inseln mit einer Gesamtfläche von 435 km².
Ursprünglicher Name Nevo (bis zum 13. Jahrhundert), jetzt Ladoga nach der gleichnamigen Stadt.

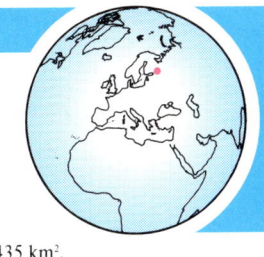

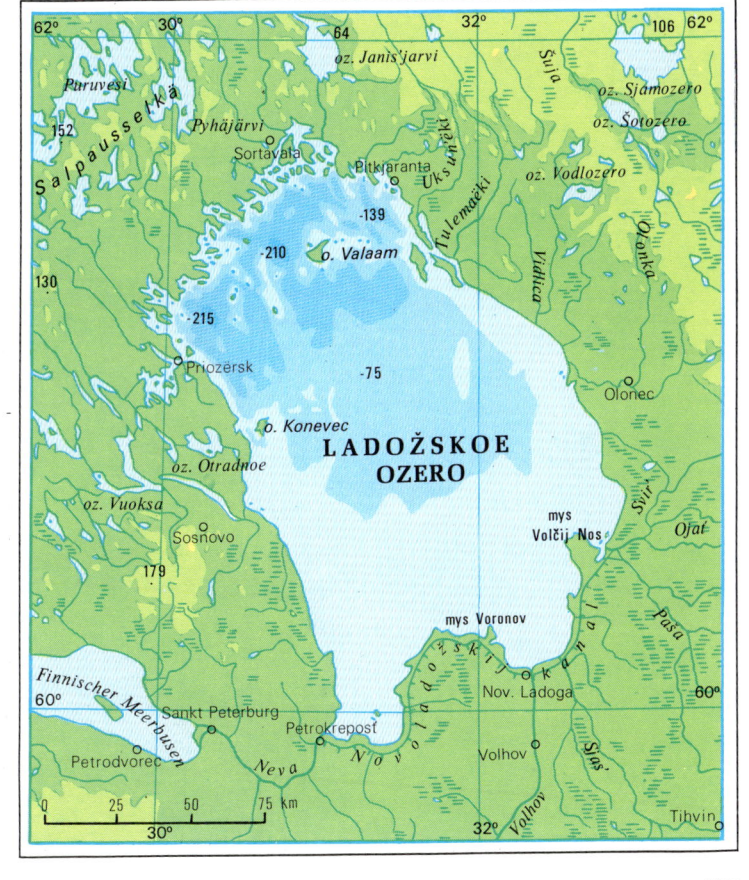

Der mächtigste Gletscher

Spitsbergen (Spitzbergen), 20 000 km²
Staat: Norwegen
Die größte Insel in der Inselgruppe Svalbard mit einer Fläche von 39 044 km².
Der Gletscher erstreckt sich im Osten der Insel und nimmt mehr als die Hälfte ihrer Oberfläche ein.

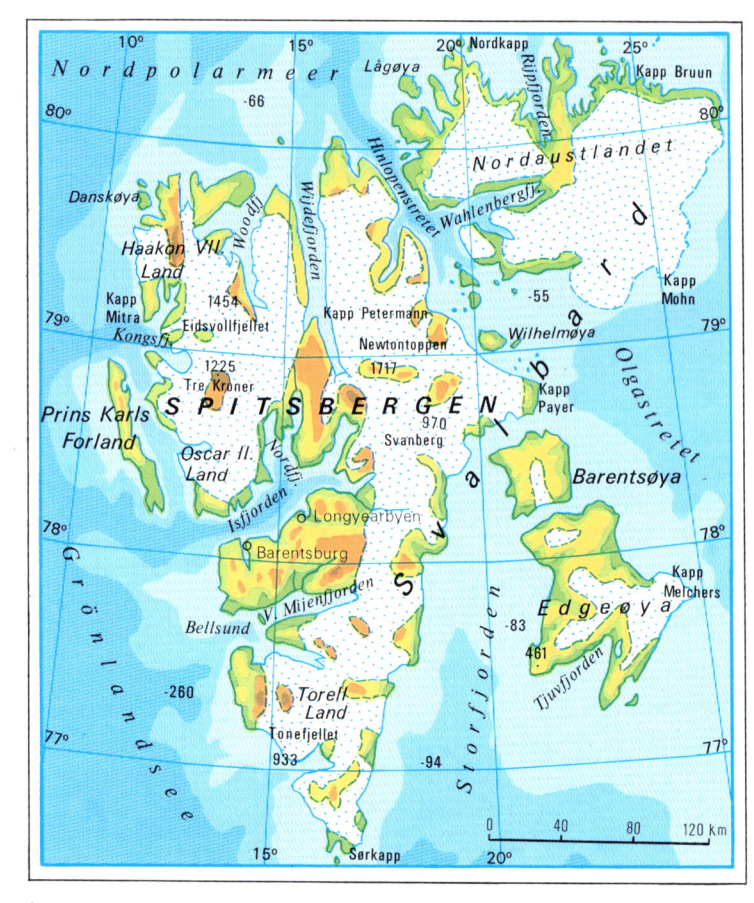

Die Inselgruppe Svalbard liegt im Nordpolarmeer, von der Nordküste Norwegens mehr als 600 km entfernt. Die Gesamtfläche beträgt 62 422 km^2.
Sie wird von 5 großen Inseln (Spitzbergen, Nordaustlandet, Edgeøya, Barentsøya, Prins Karls Forland) und einigen kleineren Inseln gebildet. Die Eisfläche der Inseln ist insgesamt 35 100 km^2. Auf den Inseln befinden sich Gletscher verschiedener Typen: Festland-, Gebirgs-, Vorgebirgs- und Schelfgletscher.

Der längste Talgletscher

Großer Aletschgletscher, 26 km
Staat: Schweiz
Gebirge: Alpen
Fläche 115 km², durchschnittliche Dicke 100 m, Volumen 11 500 000 m³.
Der Gletscher zieht von den Massiven Jungfrau (4161 m) und Aletschhorn (4198 m) in den Berner Alpen nach Süden in das Rhône-Tal.

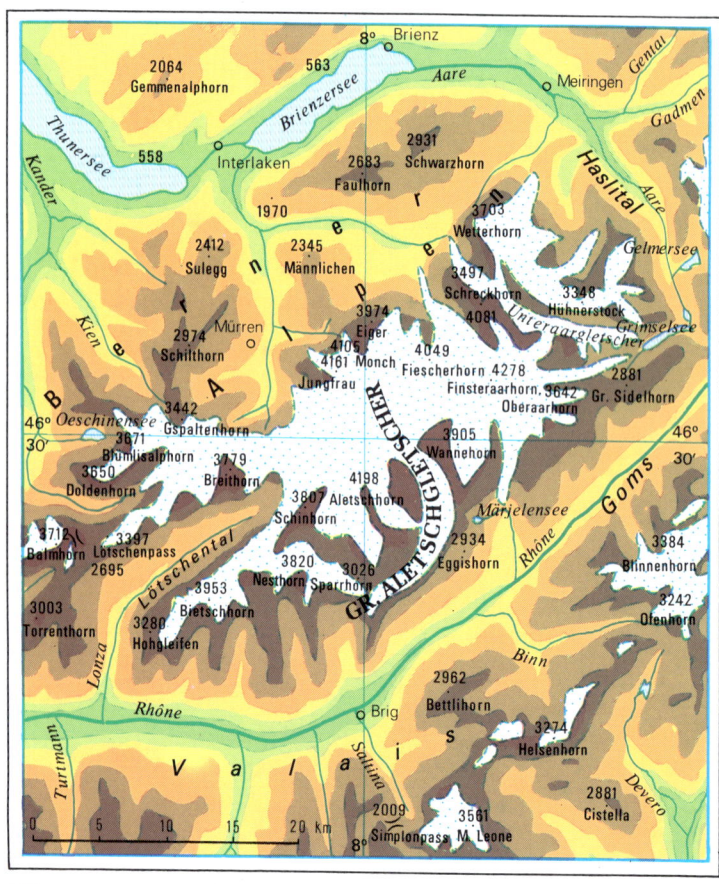

Europa – *Klima*

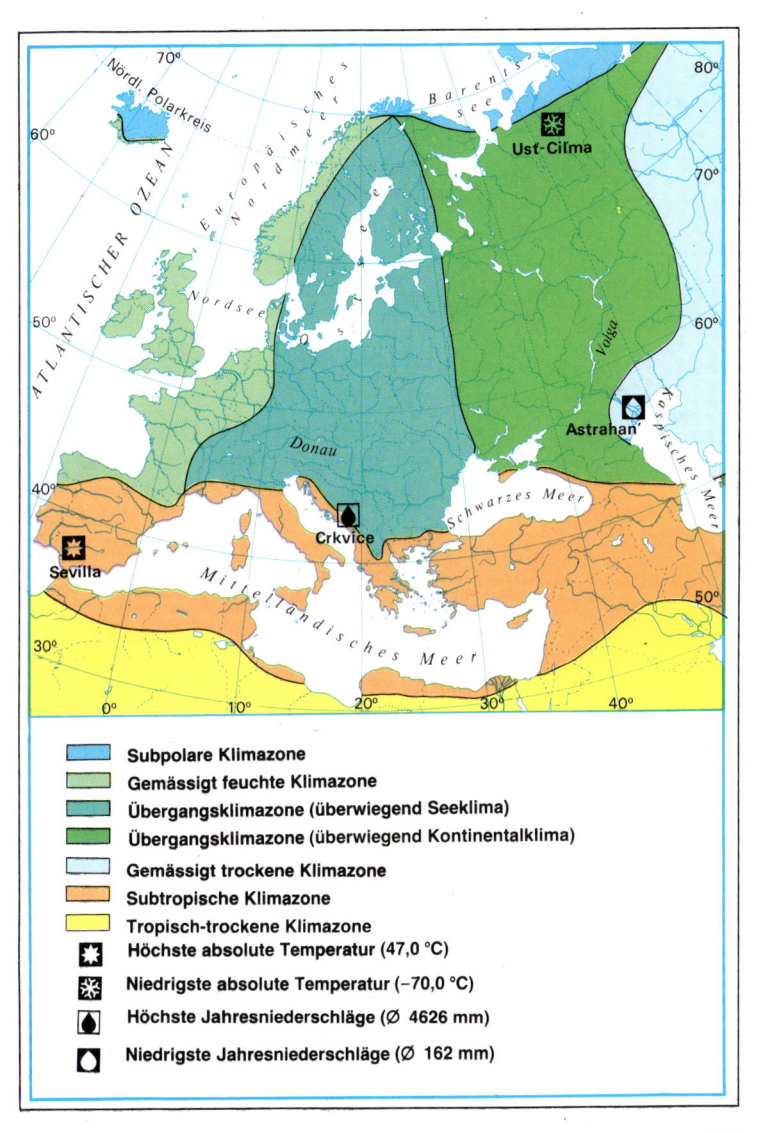

- ▭ Subpolare Klimazone
- ▭ Gemässigt feuchte Klimazone
- ▭ Übergangsklimazone (überwiegend Seeklima)
- ▭ Übergangsklimazone (überwiegend Kontinentalklima)
- ▭ Gemässigt trockene Klimazone
- ▭ Subtropische Klimazone
- ▭ Tropisch-trockene Klimazone
- ✹ Höchste absolute Temperatur (47,0 °C)
- ❄ Niedrigste absolute Temperatur (−70,0 °C)
- ⬛ Höchste Jahresniederschläge (Ø 4626 mm)
- ⬜ Niedrigste Jahresniederschläge (Ø 162 mm)

Asien

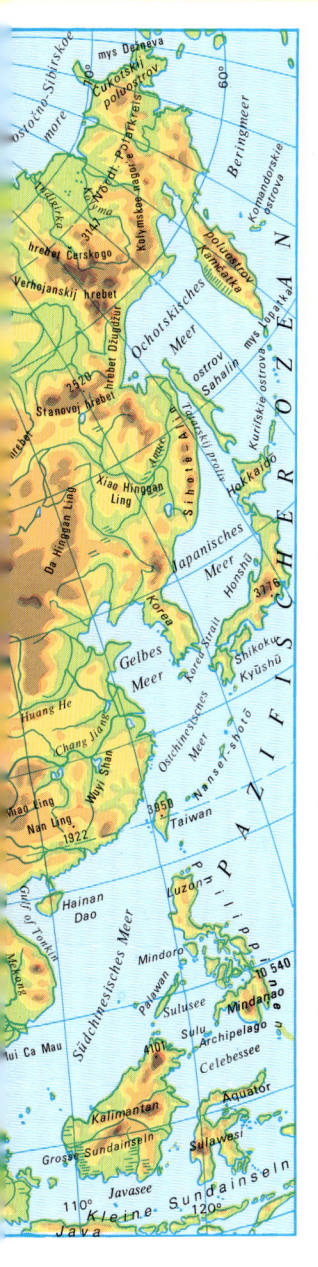

Asien erstreckt sich zum größten Teil auf der nördlichen Halbkugel, nur ein kleiner Inselteil reicht im Südosten über den Äquator.

Der nördlichste Punkt des Festlandes ist **Kap Čeljuskin** auf der Halbinsel Tajmir, 77°43' n.Br. (des ganzen Kontinents: Arktičeskij mys auf der Insel Severnaja Zemlja, 81°16' n.Br.), **der südlichste Kap Buru** auf der Malaiischen Halbinsel, 1°25' n.Br. (Insel Dana bei der Insel Timor, 11°01' s.Br.), **der westlichste Kap Baba** auf der Halbinsel Kleinasien, 26°03' ö.L., **der östlichste Kap Deževa** auf Čukotskij poluostrov, 169°40' w.L. (ostrov Ratmanova − ostrova Diomida in der Beringstraße, 169°02' w.L.).

Die gegliederte Küste ist ohne die Inseln 69 000 km lang. Der geologische und tektonische Bau von Asien ist sehr kompliziert. Die ältesten Festlandkerne, die Sibirische Tafel im Norden, die Chinesische Tafel im Osten, der Indische und der Arabische Schild im Süden, wurden im Verlauf der geologischen Vergangenheit bei wiederholten Verschiebungen verbunden.

Die Oberfläche ist sehr vielgestaltig. Ungefähr ein Drittel bilden Tiefebenen, im Norden und Westen, an der östlichen Küste und südlich vom Himalaja. Mächtige Gebirgssysteme durchziehen das Festland in zwei Ketten. Die erste erstreckt sich von der Halbinsel Kleinasien über Zentralasien und Westindien auf die Malaiische Inselgruppe. Das ausgeprägteste Gebirge ist der Himalaja. Die zweite Kette zieht vom Pamir nordöstlich bis auf Čukotskij poluostrov. Die Ketten der Gebirge und Inseln entlang der Ostküste bilden die Pazifikzone mit starker Vulkan- und Erdbebentätigkeit.

Das Klima ist sehr unterschiedlich, beeinflußt von Lage und Größe des Kontinents, von den angrenzenden Ozeanen und den Eigenheiten der Oberfläche. Den größten Teil des Gebietes charakterisiert das kontinentale Klima der gemäßigten Zone mit großen Temperaturunterschieden zwischen Sommer und Winter, die sich nach Osten noch verstärken. Im südwestlichen und zentralen Asien überwiegt trockenes, heißes Klima, für das südliche und südöstliche ist das Monsunklima mit Niederschlägen in der Sommerzeit und häufigen Zyklonen typisch.

Die Gipfellagen der Hochgebirge haben ein rauhes Klima, oft sind sie vereist. Die Niederschläge sind ungleichmäßig verteilt. Am meisten regnet es im Monsungebiet. Mangel an Wasser herrscht im südwestlichen und zentralen Asien, in den Becken und auf den Plateaus, eingeschlossen zwischen den Gebirgen, und im Nordosten.

Das Flußnetz ist abhängig von den Niederschlagsverhältnissen, am wasserreichsten sind die sibirischen Ströme, die ins Nordpolarmeer fließen. Mächtige Flüsse durchqueren die Monsungebiete und münden in den Indischen und Pazifischen Ozean. 40 % des Kontinents ist ohne Abfluß. Die Seen sind unterschiedlichen Ursprungs: Die größten sind die Reliktseen, die tiefsten haben tektonischen Ursprung.

Die größten Inseln

Name	Fläche km²
Kalimantan (Borneo)	746 546
Sumatra	433 800
Honschu	227 414
Sulawesi (Celebes)	179 416
Java	126 700
Luzon	106 983
Mindanao	98 692
Hokkaido	78 073
Sachalin	76 400
Sri Lanka (Ceylon)	65 607
Kyushu	36 554
Taiwan	35 961
Hainan Dao	33 670
Timor	33 615
Seram	18 625

Die höchsten Berge

Name – Staat	Höhe m
Mount Everest (Quomolangma Feng, Sagarmatha) – Nepal, China▼	8 848
K2 – China, Pakistan	8 611
Kanchenjunga – Nepal, Indien	8 585
Lhotse – Nepal, China	8 501
Makalu – Nepal, China	8 481
Lhotse Shar – Nepal, China	8 383
Dhawalagiri – Nepal	8 172
Manaslu – Nepal	8 156
Cho Oyu – China, Nepal	8 153
Nanga Parbat – Pakistan	8 126
Annapurna – Nepal	8 078
Gasherbrum (Hidden Pk.) – Pakistan	8 068
Phaltschan Kangri (Broad Pk.) – Pakistan, China	8 047
Xixabangma Feng (Gosainthan) – China	8 013

Die längsten Flüsse

Name	Länge km	Stromgebiet km²
Chang Jiang	5 500	1 942 000
Ob'-Irtyš	5 410	2 975 000
Huang He (Gelber Fluß)	4 845	772 000
Mekong	4 500	810 000
Irtyš	4 422	1 595 080
Amur (-Šilka-Onon)	4 416	1 855 000
Lena	4 400	2 490 000
Enisej (Jenisej)	4 092	2 580 000
Indus	3 190	960 000
Nižnjaja Tunguska (-Nepa)	2 989	473 000
Brahmaputra	2 960	935 000
Syrdar'ja mit Naryn	2 860	136 000
Salwin	2 820	325 000
Euphrates	2 760	765 000
Tarim	2 750	1 210 000
Ganges	2 700	1 125 000

Die größten Seen

Name	Fläche km²	Maximale Tiefe m	Meereshöhe m
Kaspisches Meer*▼	371 000	1 025	-28
Aral'skoe more (Aralsee)*	64 115	67	53
Bajkal	31 500	1 620▼	455
Balchaš	18 200	26	340
Daryacheh-ye Orumiyeh*	7 500	15	1 275
Issyk-Kul'*	6 280	702	1 609
Boeng Tönlé Sab	5 700	10	15
Tajmyr	4 560	26	6
Qinghai Hu (Kuku-Nor)*	4 406	38	3 250
Chanka	4 200	10	68
Hongze Hu	3 780	–	3
Dongting Hu	3 750	–	25
Van Gölu*	3 738	25	1 662
Uvs nuur*	3 350	–	759
Poyang Hu	3 150	–	15

* – salzhaltiger See

Aktive Vulkane

Name – Staat	Meereshöhe m	Letzter Ausbruch
Ključevskaja Sopka – Rußland	4 750	1984
Gunung Kerinci – Indonesien	3 805	1968
Rindjani – Indonesien	3 726	1966
Gunung Semeru – Indonesien	3 676	1981
Kronockaja Sopka – Rußland	3 528	1923

▼ Weltrekord

Die größte Insel

Kalimantan (Borneo), 746 546 km^2
Staat: Indonesien, Malaysia, Brunei
Größte Insel der Großen Sundainseln und drittgrößte Insel der Welt.
Die Küste ist wenig gegliedert, meist eben und sumpfig.
Das Inland durchziehen Gebirge, der höchste Berg ist Gunong Kinabalu (4101 m).
Feuchtes tropisches Klima, 85 % der Oberfläche nehmen tropische Wälder ein.

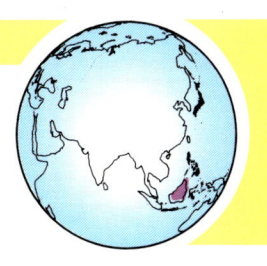

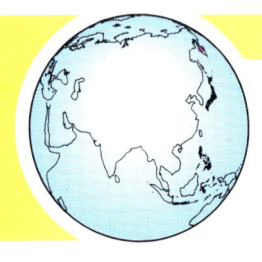

Der höchste Vulkan

Ključevskaja Sopka, 4750 m
Staat: Rußland
Vulkan mit regelmäßigem Andesitkegel im östlichen Teil der Halbinsel Kamčatka (Kamtschatka).
Einer der aktivsten Vulkane auf der Erde, letzter Ausbruch im Jahre 1984. Im Verlauf von 270 Jahren kam es zu mehr als 50 Eruptionen.
Aus dem Krater steigen ununterbrochen Gase und Asche auf, Lava stößt er durchschnittlich alle 7–10 Jahre aus.

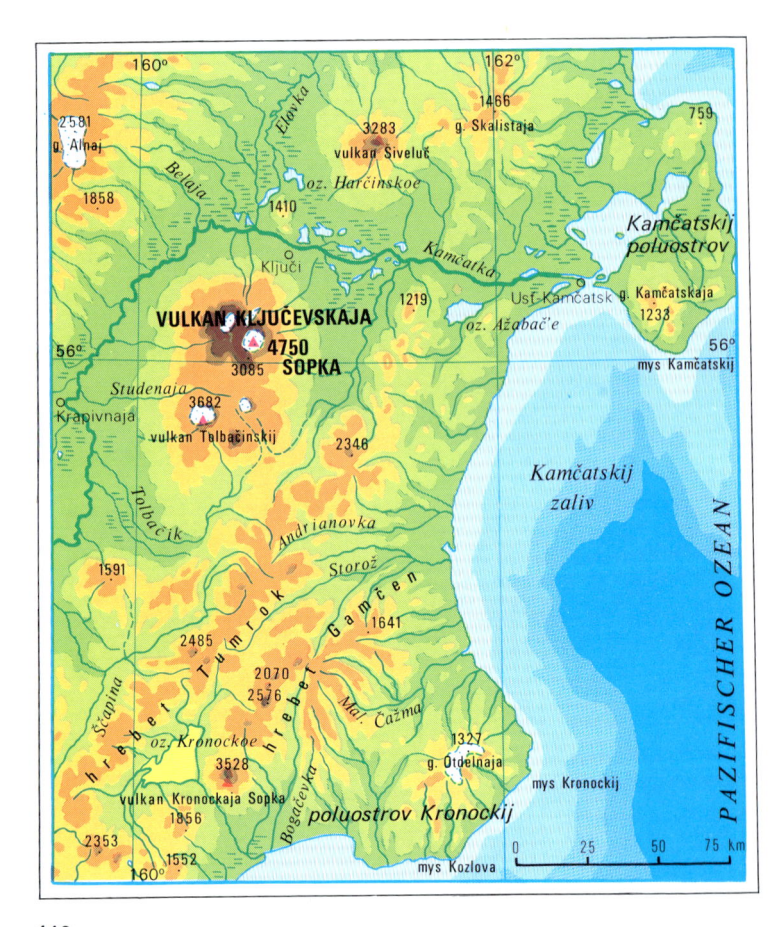

Der Hauptkrater hat einen Durchmesser von 0,5 km.
An den Hängen sind 70 parasitische Krater, viele sind aktiv.
Die Berglehnen sind übersät mit Geysiren, heißen Quellen und Bächen.
Den Gipfel bedecken Schnee und Gletscher, die bis auf 1200 m Höhe reichen.
Als erster bestieg den Gipfel der Deutsche Karl Friedrich Gaus im Jahre 1787.

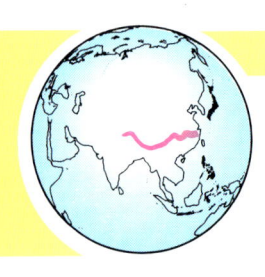

Der längste Fluß

Chang Jiang (Jangtsekiang, Yangtze), 5500 km
Staat: China
Chang Jiang (chin.) = Blauer Fluß
Im Quellgebiet hat er einige unterschiedliche Namen: Moron Us He, Tongtian he, Jinsha Jiang, Chang Jiang.
Entspringt im Gebirge Kunlun Shan und mündet ins Ostchinesische Meer. Beim Eintritt in die Große Chinesische Tiefebene (Changjiana Zhongxiayou Pingyuan) wird das Flußbett 600–2000 m breit und 30–40 m tief.

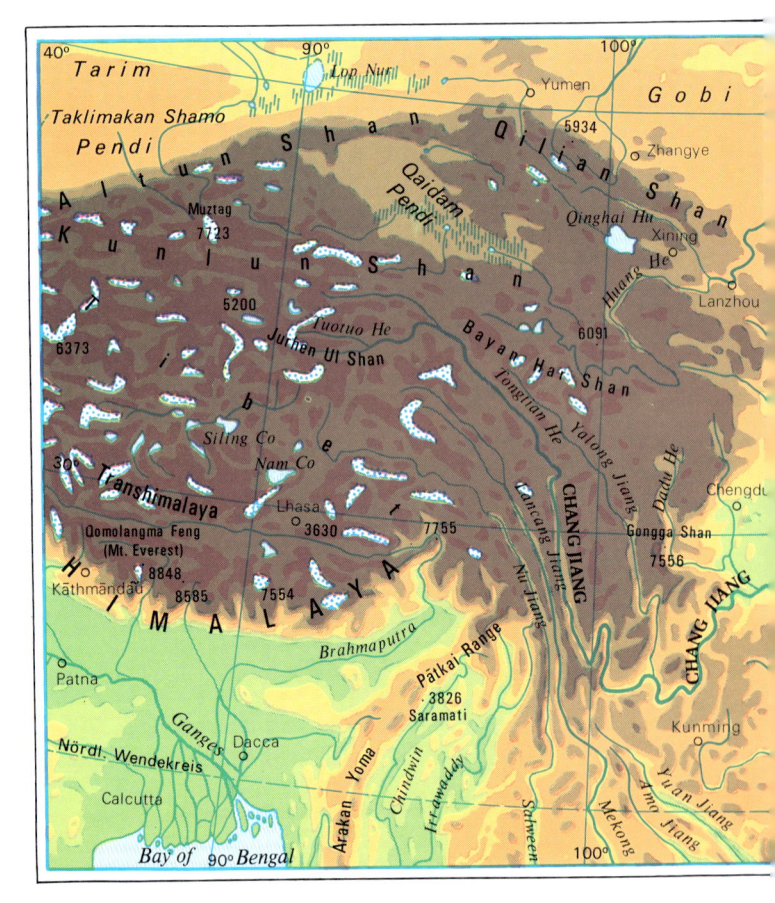

Das ausgedehnte Delta hat eine Länge von 330 km mit zwei ausgeprägten Flußarmen. Der jährliche Transport an Material beträgt ungefähr 270 Mill. Tonnen; infolge der Ablagerung verlängert sich das Delta ins Meer um etwa 1 km in 40 Jahren.
Im Unterlauf sind viele Seen, manche sind durch Nebenarme mit dem Hauptstrom verbunden.
Der Anstieg des Wasserspiegels im Fluß durch die Flut wirkt sich noch in einer Entfernung von 500–700 km von der Mündung aus.

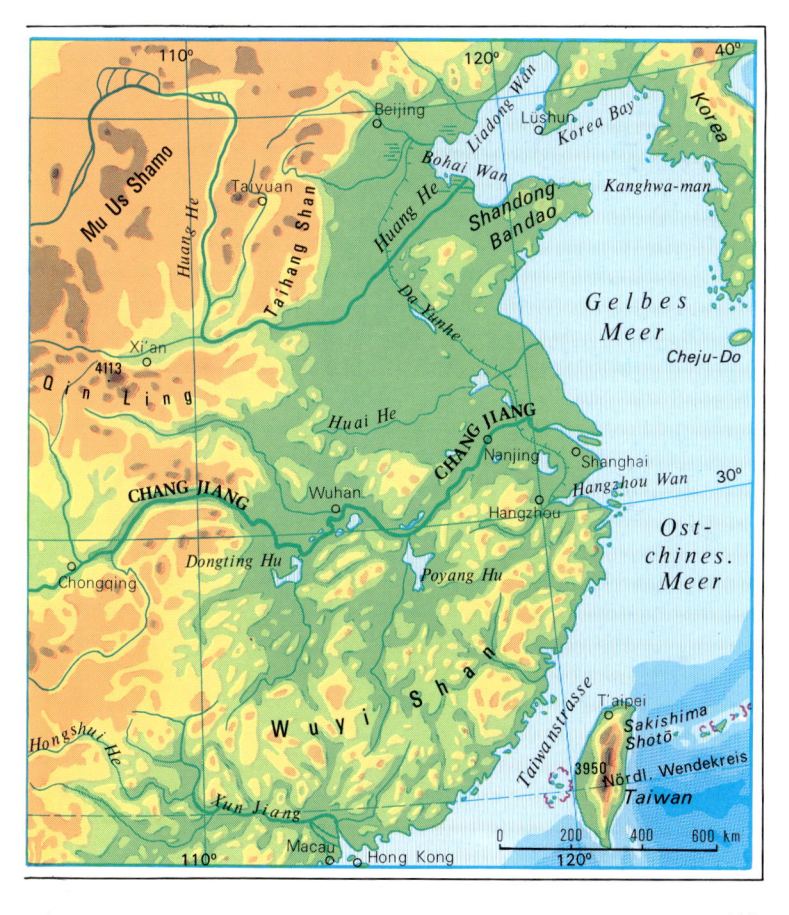

Der mächtigste Gletscher

Severnaja Zemlja, 171 500 m² (Gesamtfläche der Vergletscherung)
Staat: Rußland
Inselgruppe im Nordmeer mit einer Fläche von 37 600 km², von der Halbinsel Tajmyr durch die 60–90 m breite Meeresstraße proliv Vil'kickogo getrennt.
Gebildet wird die Gruppe von 4 großen Inseln (ostrov Oktjabr'skoj Revoljucii, ostrov Bol'ševik, ostrov Komsomolec und Pioner) und mehreren kleineren Inseln.
Größte Höhe der Gletscherkuppel: 955 m ü.d.M. (ostrov Oktjabr'skoj Revoljucii).

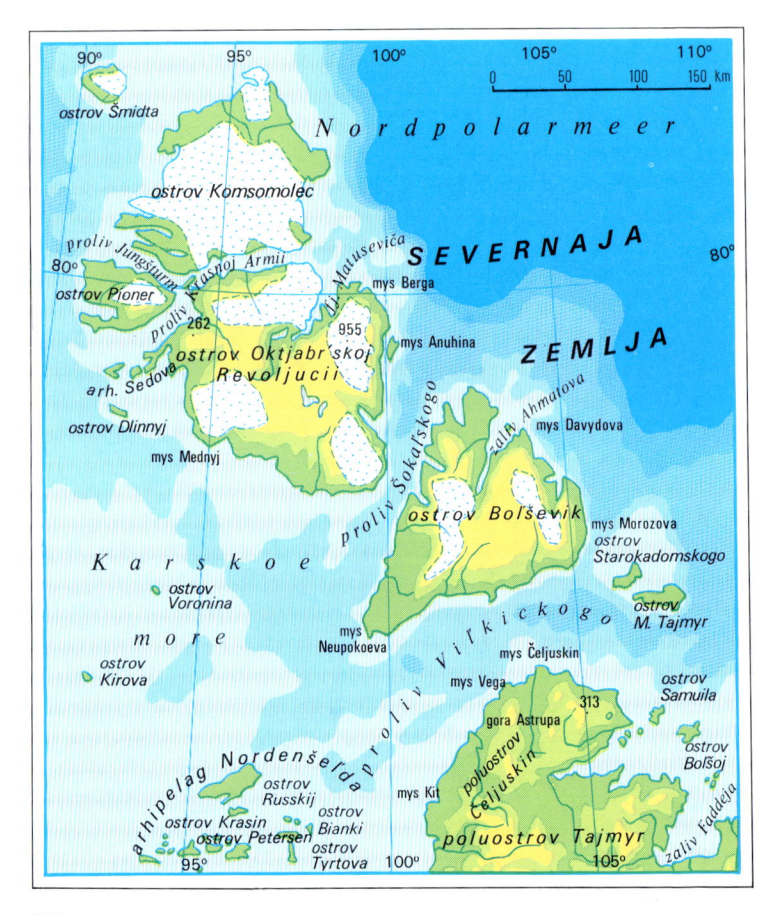

Asien – *Klima*

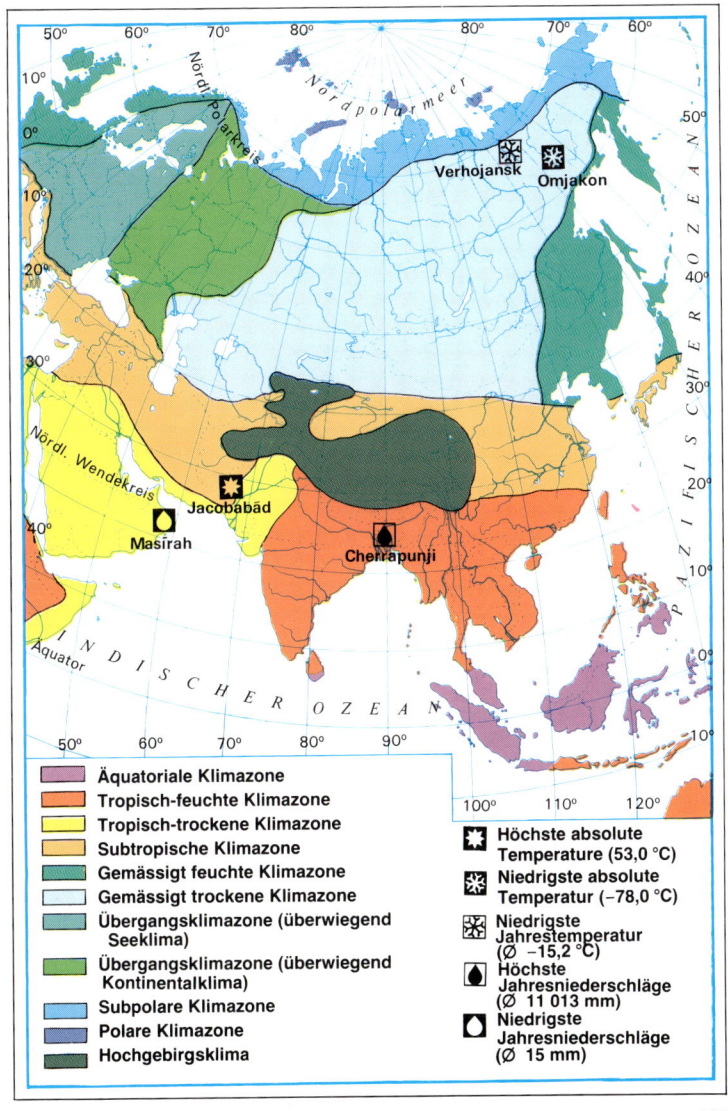

Äquatoriale Klimazone	
Tropisch-feuchte Klimazone	
Tropisch-trockene Klimazone	
Subtropische Klimazone	
Gemässigt feuchte Klimazone	
Gemässigt trockene Klimazone	
Übergangsklimazone (überwiegend Seeklima)	
Übergangsklimazone (überwiegend Kontinentalklima)	
Subpolare Klimazone	
Polare Klimazone	
Hochgebirgsklima	

- Höchste absolute Temperatur (53,0 °C)
- Niedrigste absolute Temperatur (−78,0 °C)
- Niedrigste Jahrestemperatur (Ø −15,2 °C)
- Höchste Jahresniederschläge (Ø 11 013 mm)
- Niedrigste Jahresniederschläge (Ø 15 mm)

Verhojansk, Omjakon, Jacobabad, Masirah, Cherrapunji

Nördliches Polarmeer, Pazifischer Ozean, Indischer Ozean, Äquator, Nördl. Polarkreis, Nördl. Wendekreis

Afrika

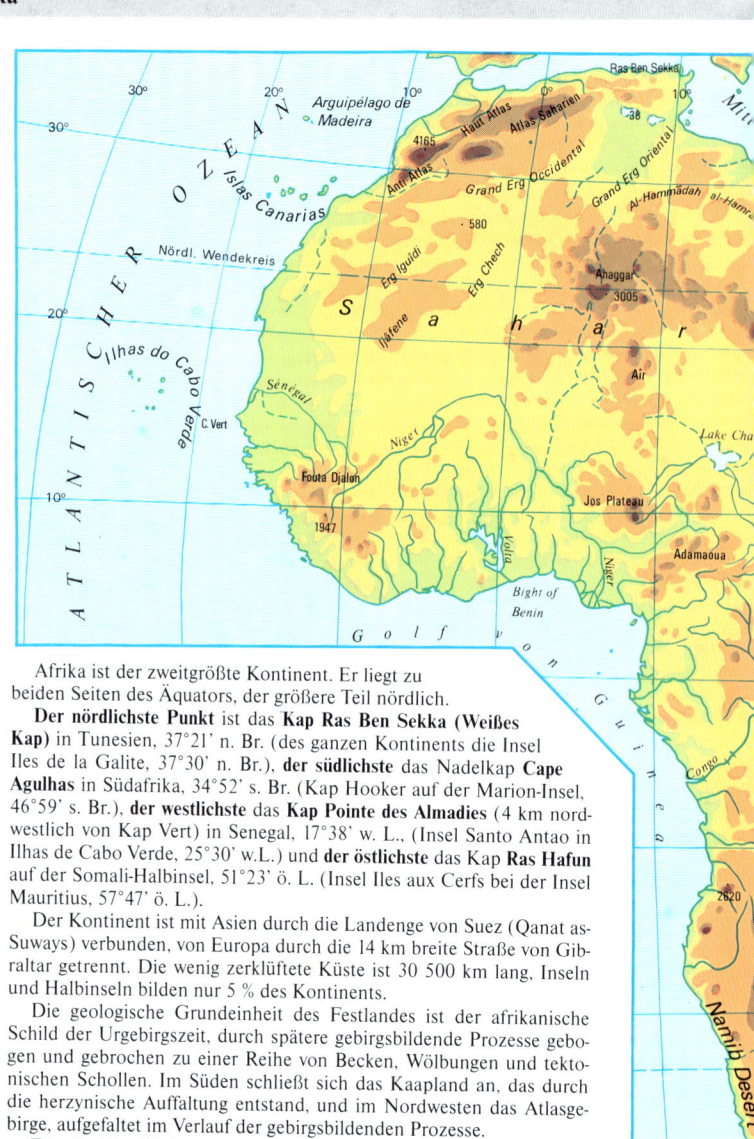

Afrika ist der zweitgrößte Kontinent. Er liegt zu beiden Seiten des Äquators, der größere Teil nördlich.

Der nördlichste Punkt ist das **Kap Ras Ben Sekka (Weißes Kap)** in Tunesien, 37°21' n. Br. (des ganzen Kontinents die Insel Iles de la Galite, 37°30' n. Br.), **der südlichste** das Nadelkap **Cape Agulhas** in Südafrika, 34°52' s. Br. (Kap Hooker auf der Marion-Insel, 46°59' s. Br.), **der westlichste** das **Kap Pointe des Almadies** (4 km nordwestlich von Kap Vert) in Senegal, 17°38' w. L., (Insel Santo Antao in Ilhas de Cabo Verde, 25°30' w.L.) und **der östlichste** das Kap **Ras Hafun** auf der Somali-Halbinsel, 51°23' ö. L. (Insel Iles aux Cerfs bei der Insel Mauritius, 57°47' ö. L.).

Der Kontinent ist mit Asien durch die Landenge von Suez (Qanat as-Suways) verbunden, von Europa durch die 14 km breite Straße von Gibraltar getrennt. Die wenig zerklüftete Küste ist 30 500 km lang, Inseln und Halbinseln bilden nur 5 % des Kontinents.

Die geologische Grundeinheit des Festlandes ist der afrikanische Schild der Urgebirgszeit, durch spätere gebirgsbildende Prozesse gebogen und gebrochen zu einer Reihe von Becken, Wölbungen und tektonischen Schollen. Im Süden schließt sich das Kaapland an, das durch die herzynische Auffaltung entstand, und im Nordwesten das Atlasgebirge, aufgefaltet im Verlauf der gebirgsbildenden Prozesse.

Für die Oberfläche von Afrika sind die ausgedehnten Ebenen und Bergplateaus charakteristisch, durch Schwellen getrennt, die im Norden und Westen eine Höhe von 200–500 m ü.d.M. erreichen, im Süden und Osten 1500–2000 m.

Kriti
Cypern
ländisches Meer
Munkhafad al-Qattarah
-133
Totes Meer
H.-I.
Sinai
Euphrat
Kūhhā-ye Zagros
Persischer Golf
Golf von Oman
Indus
As-Ṣaḥrā'
al-Lībīyah
Nil
As-Sahrā' ash-Sharqīyah
Rotes Meer
Arabien
Buhayrat Nāsir
Tibesti
As-Sahrā' an Nūbah
Nil
Weisser Nil
Blauer Nil
Dārfūr
3088
4620
-173
Golf von Aden
Suqutrā
Ras Hafun
Ethiopian Plateau
Somali -Halbinsel
Lake Turkana
Congo
Congo Basin
5119
5184
Lake Victoria
Kilimanjaro
5895
Äquator
Lake Tanganyika
Masai Steppe
Pemba Island
Zanzibar
Amirante Islands
Seychelles
Aldabra Islands
Katanga
Plateau
Lake Malawi
Comoros
2876
Zambezi
Madagaskar
Strasse von Moçambique
Maskarenen
Reunion
Mauritius
Südl. Wendekreis
Limpopo
Kalahari Desert
Orange
3482
Drakensberg
Cape Agulhas
INDISCHER OZEAN
1 : 50 000 000
0 250 500 750 1000 1250 km
20°
30°
40°
50°
60°
70°
10°
0°

Man teilt das Festland in drei orographische Gebiete ein: Ein selbständiges Gebiet ist das Atlasgebirge mit einer Länge von 2000 km. Den größten Teil des Festlandes nimmt das afrikanische Tafelland ein mit Sahara und Sudan, dem Hochland von Oberguinea und Adamaoua, dem Kongobecken, der Kalahari, dem Kaapland und Madagaskar. Am reichsten an Formen und am höchsten ist Ostafrika mit dem Äthiopischen Hochland und dem Ostafrikanischen Gebirgsplateau mit Horst- und Vulkanmassiven, Kratern, Plattformen. Es gibt vier Klimazonen: Die Äquatorialzone mit heißem und feuchtem Klima, die Zone der äquatorialen Monsune mit einem heißen feuchten Sommer und warmen trockenen Winter, die extrem trockene Zone der tropischen Passatwinde und die subtropische Zone.

Das Flußnetz ist am dichtesten in der äquatorialen Zone. Nach Süden und Norden nehmen die Flüsse ab. Der größte Teil der Ströme wird von Niederschlägen gespeist. Etwa die Hälfte gehört zum Stromgebiet des Atlantischen Ozeans, ein Drittel bilden abflußlose Gebiete. Die Seen sind meistens tektonischen Ursprungs, in den trockenen Gebieten gibt es eine Reihe von zeitweiligen Salzseen.

Die größten Inseln

Name	Fläche km²
Madagaskar	587 041
Suqutra	3 579
Réunion	2 510
Bioko	2 017
Tenerife	1 946
Mauritius	1 865
Fuerteventura	1 722
Zanzibar (Sansibar)	1 658
Gran Canaria	1 376
Ngazidja (Komoren)	1 148
Ile de Jerba	1 050

Die höchsten Berge

Name – Staat	Höhe m
Kilimanjaro-Uhuru – Tansania	5 895
Mt. Kenya – Kenia	5 194
Kilimanjaro-Mawenzi – Tansania	5 149
Margherita Peak, Ruwenzori – Uganda, Zaire	5 119
Ras Dashen Terara – Äthiopien	4 620
Mount Meru – Tansania	4 567
Buahit – Äthiopien	4 510
Volcan Karisimbi – Ruanda, Zaire	4 507
Talo – Äthiopien	4 413
Mount Elgon – Kenia, Uganda	4 321
Batu – Äthiopien	4 307

Die längsten Flüsse

Name	Länge km	Stromgebiet km²
Nil (–Kagera)	6 671	2 881 000
Congo (Zaire;–Lualaba)	4 835	3 822 000
Niger	4 160	2 092 000
Zambezi	2 660	1 450 000
Ubangi (–Uele)	2 280	770 000
Kasai	2 200	875 000
Webi Shebele	1 950	–
Blauer Nil (Al-Bahr al-Azraq, Abay)	1 900	324 500
Volta (–Black Volta)	1 900	440 000
Orange	1 860	1 020 000
Cubango	1 800	785 000
Luvua (–Luapula)	1 800	
Juba	1 650	200 000
Limpopo	1 600	440 000
Lomami	1 500	110 000

Die größten Seen

Name	Fläche km²	max. Tiefe m	Meereshöhe m
Lake Victoria	69 482	125	1 134
Lake Tanganyika	32 880	1 435	773
Lake Nyasa (Malawi)	28 480	785	473
Lake Tschad	20 700	4–7	240
Lake Rudolf*	8 500	73	375
Shatt Malghir*	6 700	–	30
Shatt al-Jarid*	5 700	–	16
Lake Albert	5 345	48	619
Lake Mweru	4 920	18	917
Lake Tana	3 630	72	1 830
Lake Bangweulu	2 850	4	1 067
Lake Kiwu	2 650	80	1 455
Lake Rukwa	2 640	4	793

* Salzsee

Aktive Vulkane

Name – Staat	Meereshöhe m	Letzter Ausbruch
Mount Meru – Tansania	4 565	1910
Cameroon Mountain – Kamerun	4 070	1982
Pico de Teide – Spanien; Islas Canarias	3 718	1909
Nyiragongo – Zaire	3 470	1977
Nyamaragira – Zaire	3 056	1984

Die größte Insel

Madagaskar, 587 041 km²
Insel und Staat im Indischen Ozean
Länge etwa 1600 km, Breite 600 km.
An der Küste wenig gegliedertes Tiefland, im Landinneren Gebirge und Plateaus; der höchste Berg ist Maromokotro (2876 m). Von Afrika getrennt durch die Straße von Moćambique.

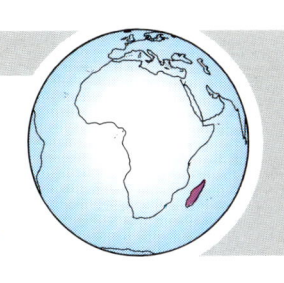

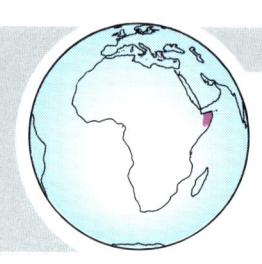

Die größte Halbinsel

Somali-Halbinsel, 850 000 km²
Staat: Somalia, Äthiopien
Halbinsel im Nordosten des Festlandes, begrenzt im Norden durch den Golf von Aden, im Süden vom Indischen Ozean. Die westliche geomorphologische Grenze bildet die 800 km lange Äthiopische Schlucht.
Die Küste ist ebenes Tiefland, das Landesinnere ist im Norden hügelig, nach Süden geht es in eine breite Tiefebene über.

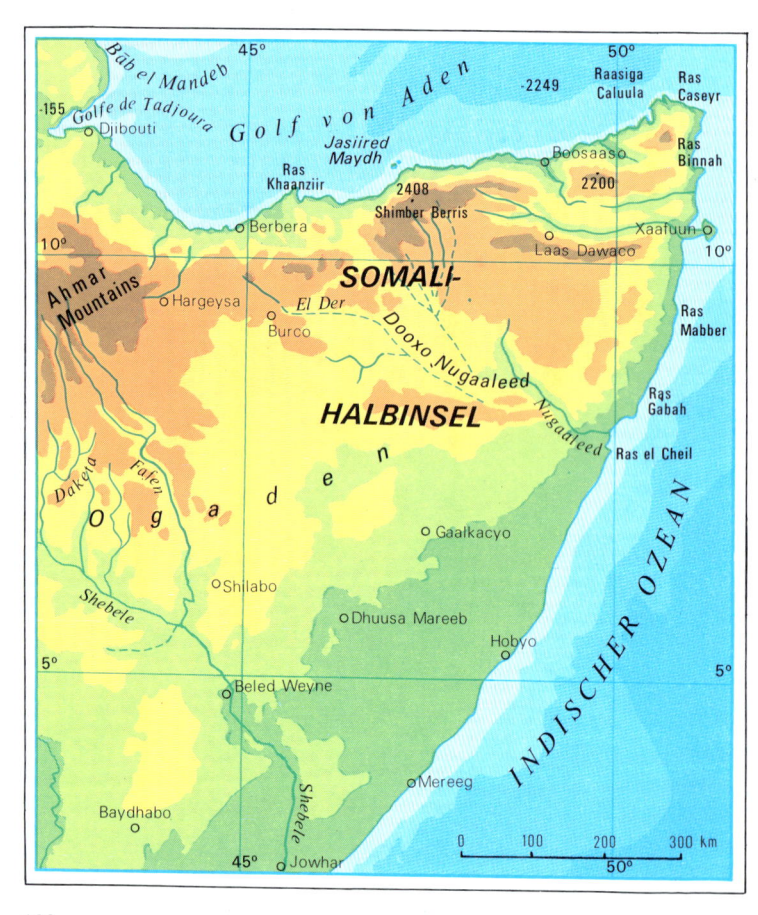

Der niedrigste Punkt

Assal-Depression, 173 m unter dem Meeresspiegel
Staat: Dschibuti
Das tektonische Tiefland ist zum Teil ausgefüllt durch den Lac Assal.
Heißes und trockenes Klima mit Durchschnittstemperaturen von 30 °C im Januar und 35 °C im Juli; die jährlichen Gesamtniederschläge sind weniger als 200 mm.

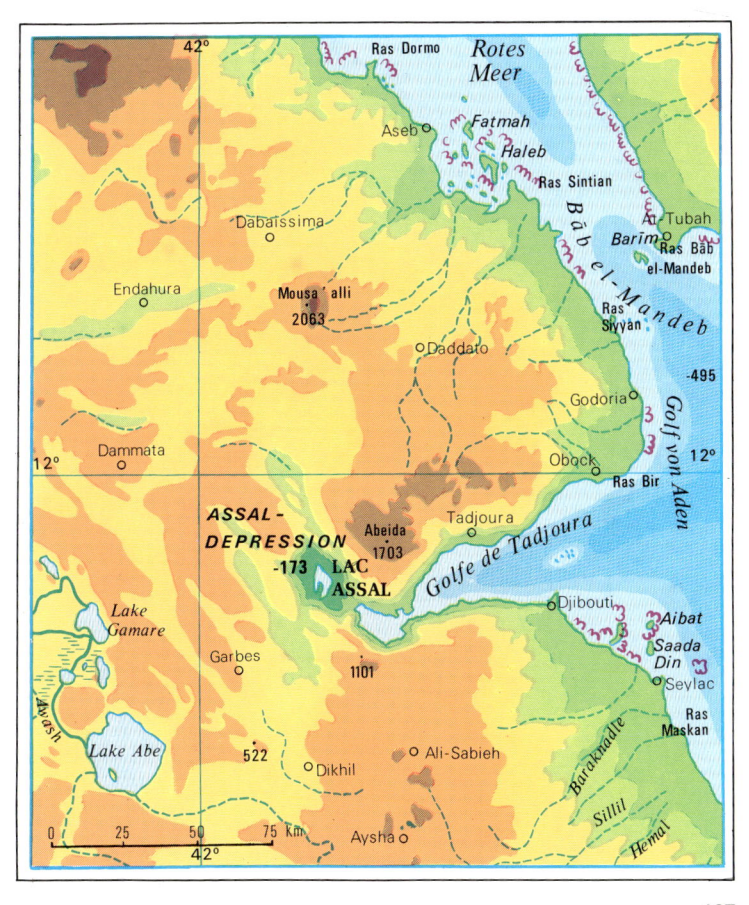

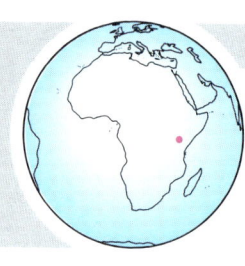

Gebirge, Berg und Vulkan

Das höchste Gebirge: Kilimanjaro, 5895 m
Staat: Tansania, Kenia
Kilimanjaro = Berg des Gottes der Kühle, auch strahlender Berg
Ausdehnung an der Basis: 75 x 50 km.
Ellipsenförmig langgezogenes Massiv eines erloschenen Vulkans.
Der Krater des Hauptgipfels hat einen Durchmesser von über 1600 m, die höchsten Hänge bedeckt eine über 60 m dicke Eiskruste.
Im Jahre 1889 bezwang ihn als erster der deutsche Wissenschaftler Hans Mayer.
Der höchste Berg: Uhuru (Kibo), 5895 m
Der höchste aktive Vulkan: Mt. Meru, 4565 m; letzter Ausbruch 1910.

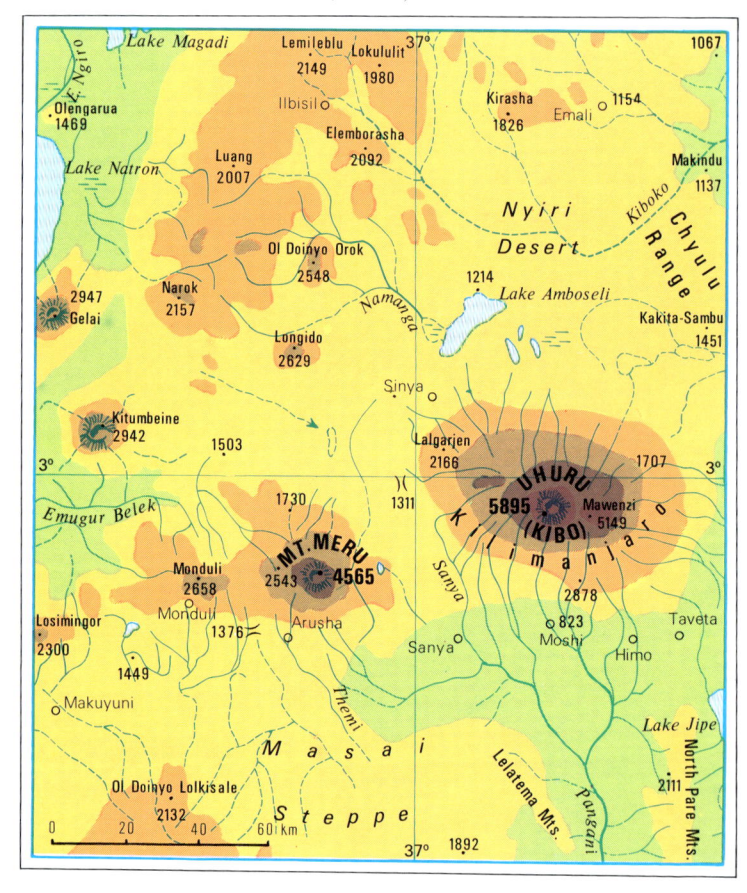

Kilimanjaro, von der Serengeti aus gesehen

Nil bei Assuan

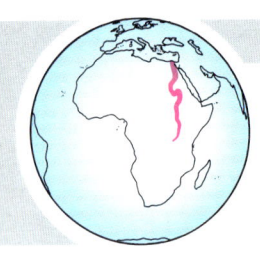

Der längste Fluß

Nil (zusammen mit Kagera), **6671 km**
Er fließt durch Burundi, Ruanda, Tansania, Uganda, Sudan und Ägypten.
Er entspringt nordöstlich vom Tanganyikasee in Burundi und mündet in Ägypten in das Mittelländische Meer. Von der Quelle bis zum Zusammenfluß mit dem Blauen Nil hat er mehrere Namen: Ruvyronsa, Ruvuvu, Kagera, Victoria Nile, Albert Nile, Al-Bahr al-Jabal (Bergnil), Al-Bahr al-Abyad (Weißer Nil). Am Oberlauf bildet er stellenweise Wasserfälle und Stromschnellen.

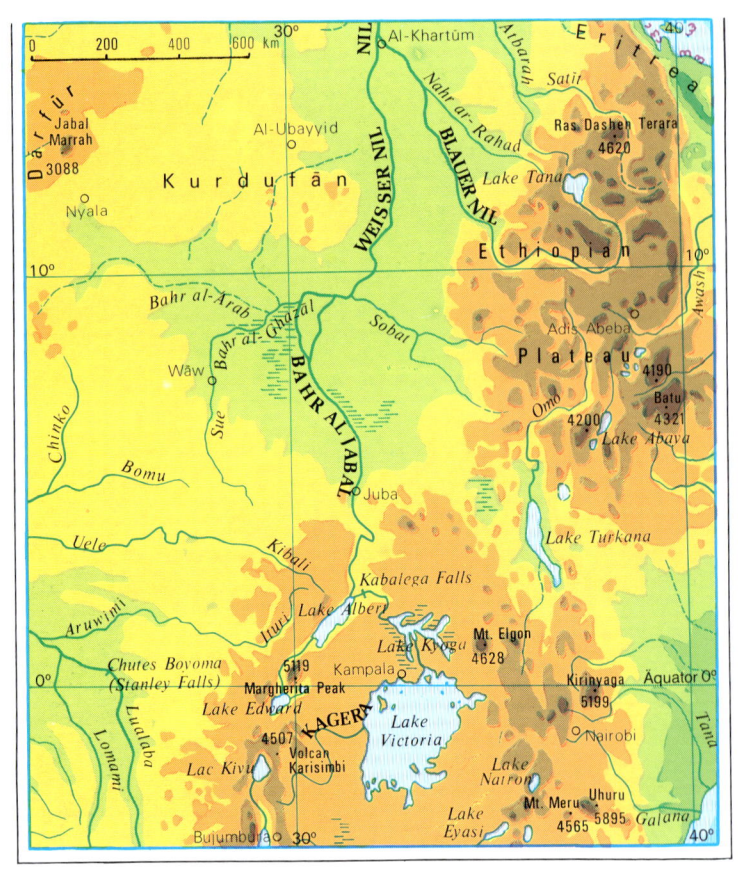

Beim Durchfluß durch die Nubische Wüste (As-Sahra'an Nubah) bildeten sich 6 Katarakte, beim 1. Katarakt entstand der erste Assuanstaudamm (heute Buhayrat Nasir – Nassersee).
Im unteren Verlauf hat der Fluß keine Zuflüsse mehr.
Ins Mittelländische Meer mündet er in einem breiten Delta, 22 000 km², mit zwei Hauptarmen.
Der durchschnittliche Jahreszufluß in der Mündung ist 2700 m³/s, charakteristisch ist eine deutliche Schwankung im Verlauf des Jahres.
Überschwemmungen im Juni bis Oktober werden durch verstärkten Zufluß aus dem Blauen Nil und Atbarah verursacht.
In den Wüstengebieten entlang des unteren Stromes sind fruchtbare Oasen.

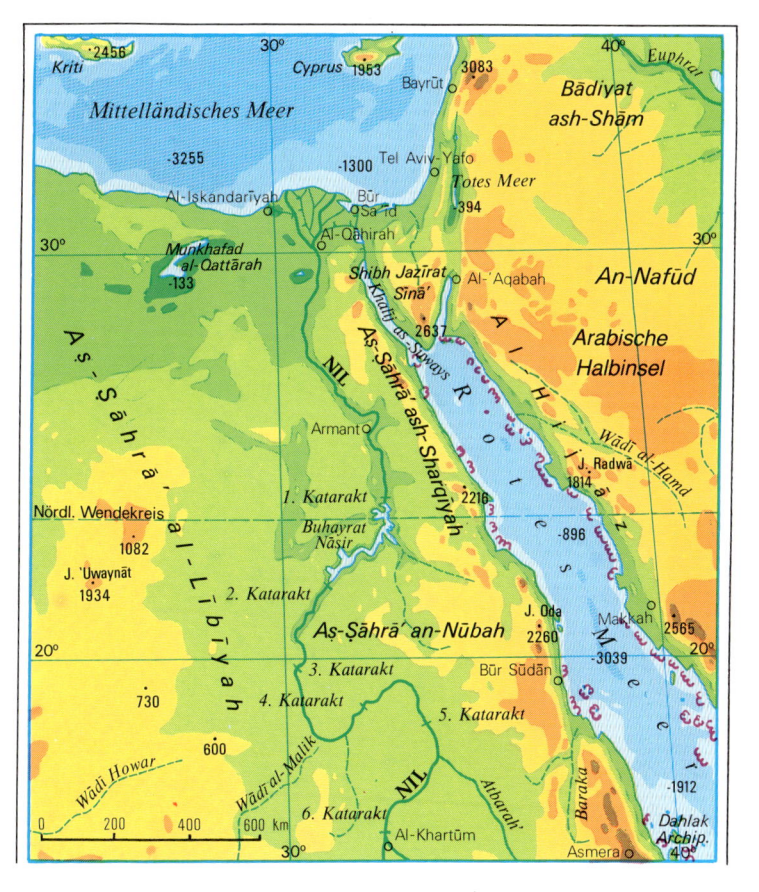

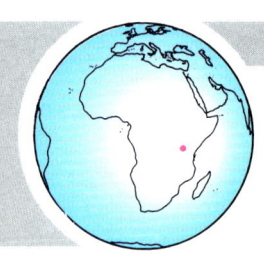

Der größte See

Lake Victoria, 69 482 km²
Staat: Kenia, Uganda, Tansania
Länge über 400 km, Breite 50–260 km, Volumen 2700 km³.
Verhältnismäßig seichter See, tiefster Teil des Unjamwesibeckens.
Die Küste ist gegliedert durch eine Vielzahl von Buchten, Länge 3440 km. Im See sind viele Inseln mit einer Gesamtfläche von 6000 km². Entdecker war der englische Weltreisende John Hanning Speke im Jahre 1858.

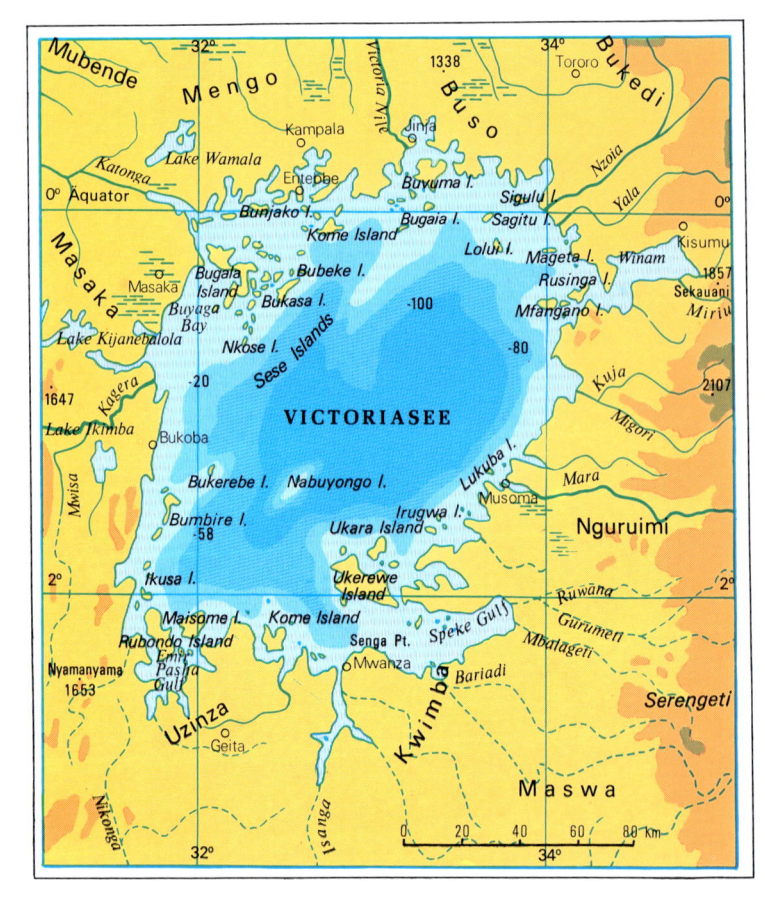

Hauptzufluß des Victoriasees ist der Kagera, ein Quellfluß des Nils; Abfluß ist der Victorianil. 1954 wurde am Victorianil bei Jinja (Owen-Wasserfälle) eine Staumauer fertiggestellt, wodurch sich der Wasserspiegel des Sees um 3 m hob.
Der See ist bekannt durch seinen Fischreichtum und mehrere Arten von Krokodilen. Hier wurden die Überreste eines Vorfahren des Menschen gefunden (Dryopithecus africanus).

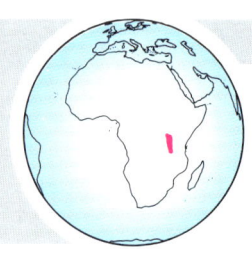

Der tiefste See

Lake Tanganyika, 1435 m (maximale Tiefe)
Staat: Tansania, Zaire, Sambia, Burundi
Länge über 600 km, Breite 30–80 km.
Der See ist tektonischen Ursprungs und füllt eine tiefe Depression, deren Boden 660 m unter dem Meeresspiegel liegt.
Zweittiefster See der Erde, nach seinem Wasservolumen (18 960 km³) drittgrößter. Die Küste ist wenig gegliedert, im Westen hoch und gebirgig.

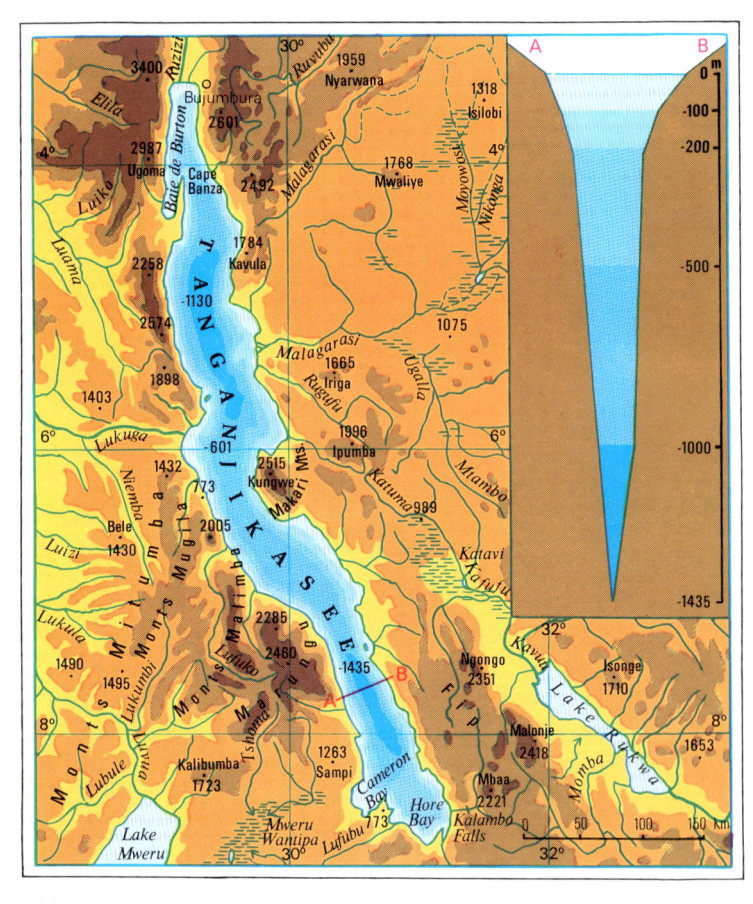

Afrika – *Klima*

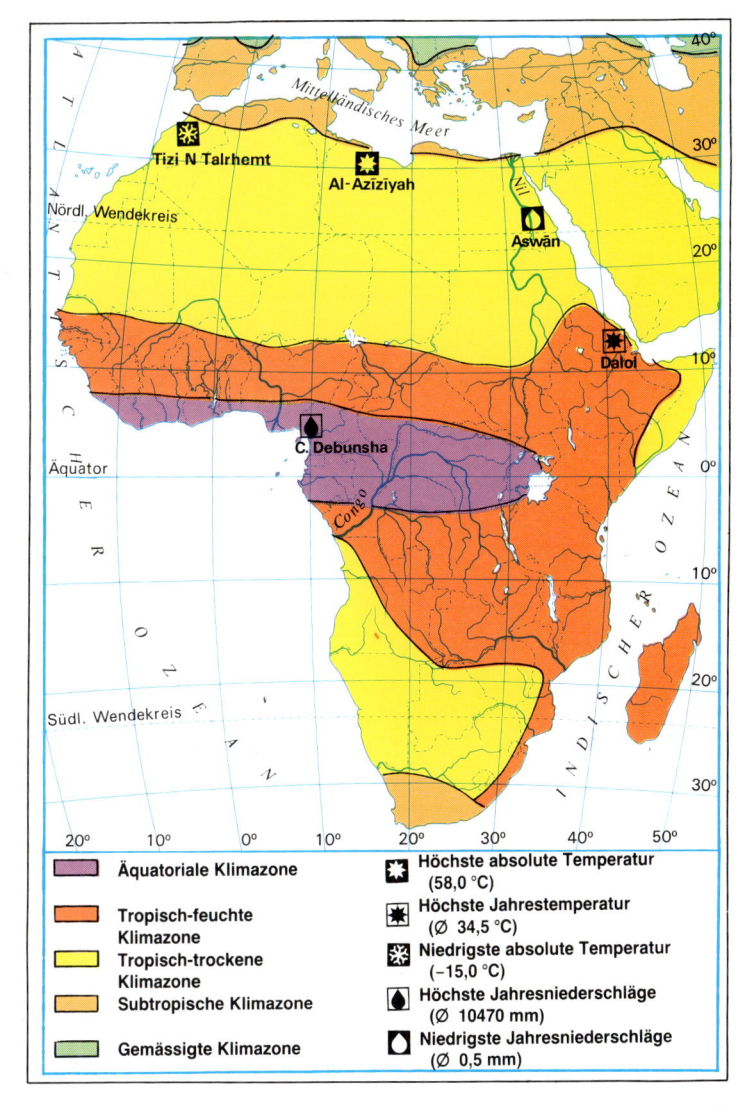

Legende	
Äquatoriale Klimazone	Höchste absolute Temperatur (58,0 °C)
Tropisch-feuchte Klimazone	Höchste Jahrestemperatur (Ø 34,5 °C)
Tropisch-trockene Klimazone	Niedrigste absolute Temperatur (–15,0 °C)
Subtropische Klimazone	Höchste Jahresniederschläge (Ø 10470 mm)
Gemässigte Klimazone	Niedrigste Jahresniederschläge (Ø 0,5 mm)

Orte: Tizi N Talrhemt, Al-Aziziyah, Aswân, Dalol, C. Debunsha

Nordamerika

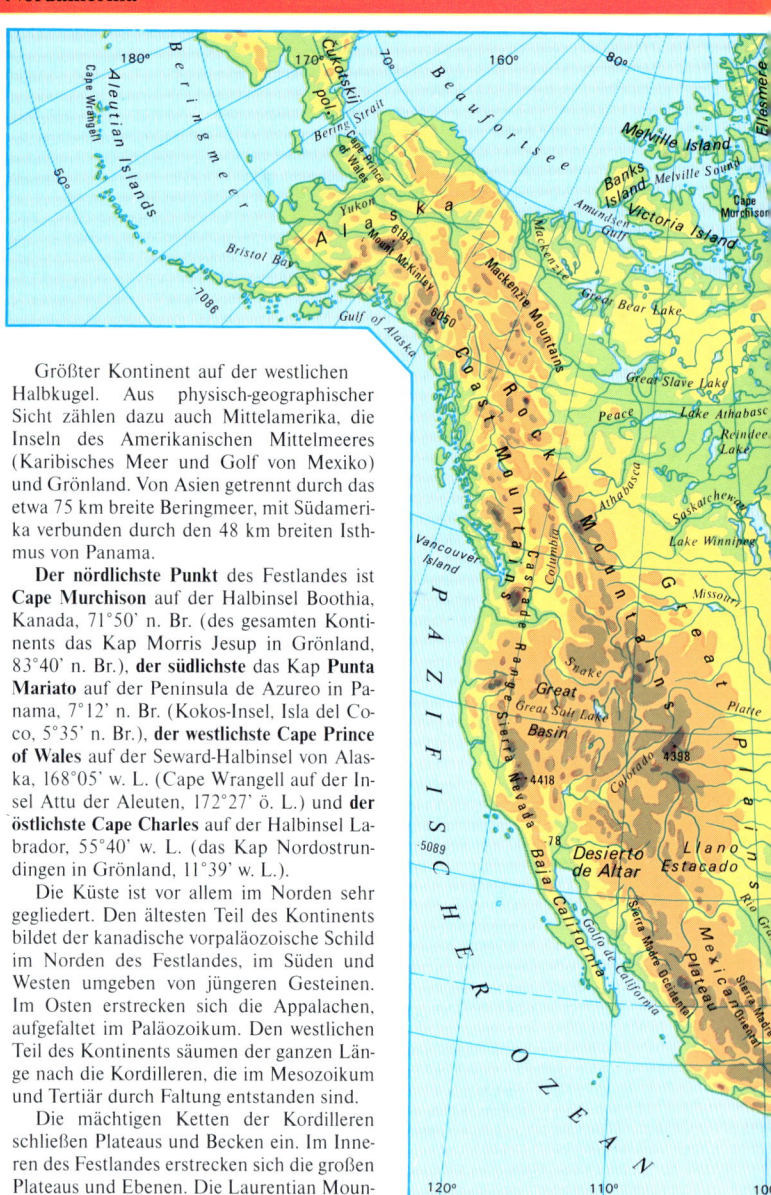

Größter Kontinent auf der westlichen Halbkugel. Aus physisch-geographischer Sicht zählen dazu auch Mittelamerika, die Inseln des Amerikanischen Mittelmeeres (Karibisches Meer und Golf von Mexiko) und Grönland. Von Asien getrennt durch das etwa 75 km breite Beringmeer, mit Südamerika verbunden durch den 48 km breiten Isthmus von Panama.

Der nördlichste Punkt des Festlandes ist **Cape Murchison** auf der Halbinsel Boothia, Kanada, 71°50' n. Br. (des gesamten Kontinents das Kap Morris Jesup in Grönland, 83°40' n. Br.), **der südlichste** das Kap **Punta Mariato** auf der Peninsula de Azuero in Panama, 7°12' n. Br. (Kokos-Insel, Isla del Coco, 5°35' n. Br.), **der westlichste Cape Prince of Wales** auf der Seward-Halbinsel von Alaska, 168°05' w. L. (Cape Wrangell auf der Insel Attu der Aleuten, 172°27' ö. L.) und **der östlichste Cape Charles** auf der Halbinsel Labrador, 55°40' w. L. (das Kap Nordostrundingen in Grönland, 11°39' w. L.).

Die Küste ist vor allem im Norden sehr gegliedert. Den ältesten Teil des Kontinents bildet der kanadische vorpaläozoische Schild im Norden des Festlandes, im Süden und Westen umgeben von jüngeren Gesteinen. Im Osten erstrecken sich die Appalachen, aufgefaltet im Paläozoikum. Den westlichen Teil des Kontinents säumen der ganzen Länge nach die Kordilleren, die im Mesozoikum und Tertiär durch Faltung entstanden sind.

Die mächtigen Ketten der Kordilleren schließen Plateaus und Becken ein. Im Inneren des Festlandes erstrecken sich die großen Plateaus und Ebenen. Die Laurentian Mountains (Plateau) im Norden und die Appalachen im Osten haben mesozoisches Gepräge. Den Golf von Mexiko und den Atlantischen Ozean säumen Küstentiefebenen, die sich nach Süden ausweiten. Der nördliche Teil des Kontinents trägt Spuren einer Gletschermodellierung, in den jüngeren Gebirgen im Westen dauert die Vulkantätigkeit an.

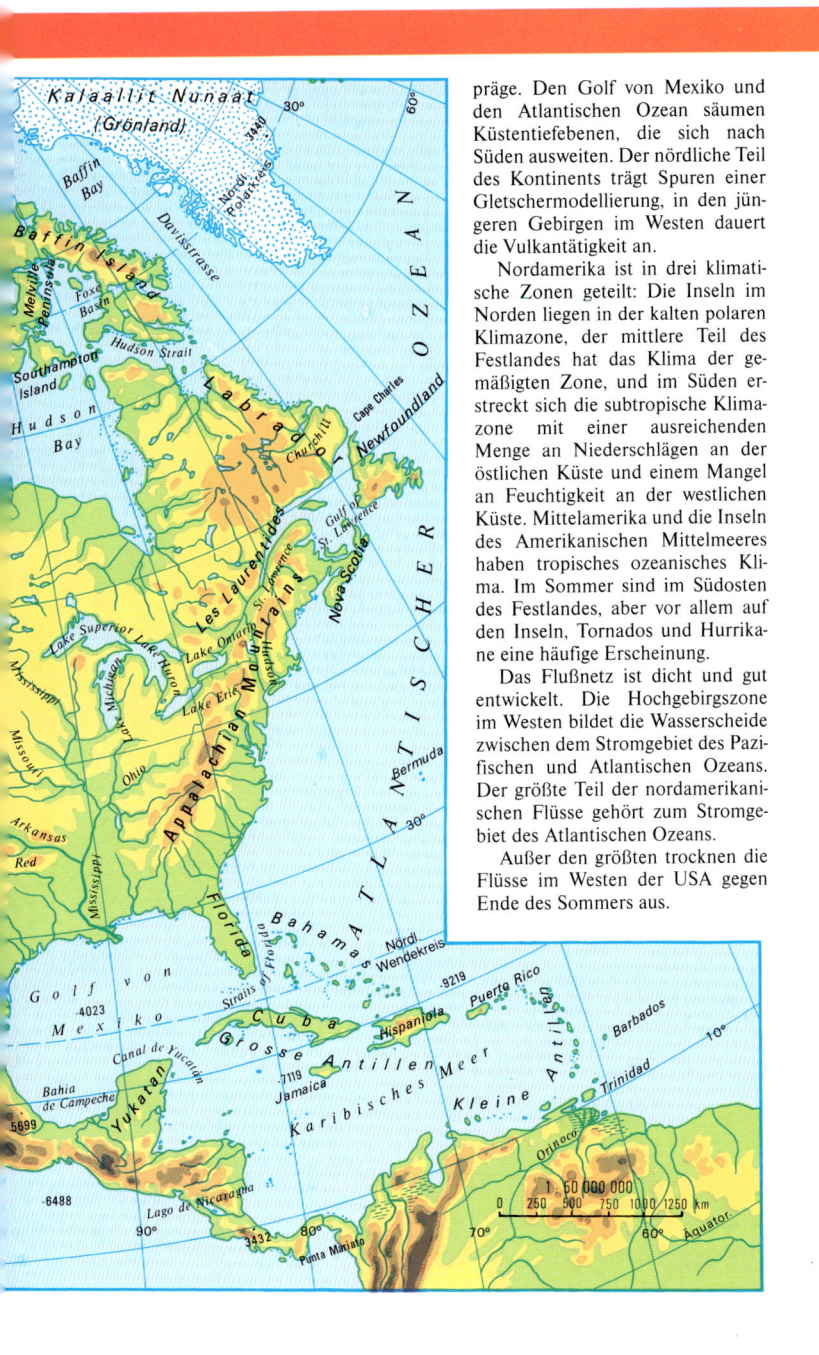

Nordamerika ist in drei klimatische Zonen geteilt: Die Inseln im Norden liegen in der kalten polaren Klimazone, der mittlere Teil des Festlandes hat das Klima der gemäßigten Zone, und im Süden erstreckt sich die subtropische Klimazone mit einer ausreichenden Menge an Niederschlägen an der östlichen Küste und einem Mangel an Feuchtigkeit an der westlichen Küste. Mittelamerika und die Inseln des Amerikanischen Mittelmeeres haben tropisches ozeanisches Klima. Im Sommer sind im Südosten des Festlandes, aber vor allem auf den Inseln, Tornados und Hurrikane eine häufige Erscheinung.

Das Flußnetz ist dicht und gut entwickelt. Die Hochgebirgszone im Westen bildet die Wasserscheide zwischen dem Stromgebiet des Pazifischen und Atlantischen Ozeans. Der größte Teil der nordamerikanischen Flüsse gehört zum Stromgebiet des Atlantischen Ozeans.

Außer den größten trocknen die Flüsse im Westen der USA gegen Ende des Sommers aus.

Die größten Inseln

Name	Fläche km²
Grönland ▼	2 175 600
Baffin Island	507 414
Victoria Island	217 274
Ellesmere Island	196 221
Kuba	110 922
Newfoundland	108 852
Haiti (Hispaniola)	77 218
Banks Island	70 023
Devon Island	55 243
Axel Heiberg Island	43 175
Melville Island	42 146
Southampton Island	41 211
Prince of Wales Island	33 336
Vancouver Island	31 282
Somerset Island	24 784
Bathurt Island	16 041
Prince Patrick Island	15 847
King William Island	13 110
Jamaica	11 424
Ellef Ringnes Island	11 294

Die höchsten Berge

Name – Staat	Höhe m
Mount McKinley – USA	6 194
Mount Logan – Kanada	6 050
Pico de Orizaba (Volcán Citlaltepetl) – Mexiko	5 699
Mount St. Elias – Kanada, USA	5 489
Mount Foraker – USA	5 303
Iztaccihuatl – Mexiko	5 286
Mount Lucania – Kanada	5 227
Mount Blackburn – USA	5 036
Mount Bona – USA	5 029
Mount Sanford – USA	4 940
Mount Wood – USA	4 842
Mount Vancouver – Kanada, USA	4 785
Nevado de Toluca – Mexiko	4 577
Mount Whitney – USA	4 418
Mount Elbert – USA	4 399
Mount Rainier – USA	4 391
Mount Shasta – USA	4 316
Mount Kennedy – Kanada	4 238
Volcan de Tajumulco – Guatemala	4 220
Mount Waddington – Kanada	4 042

Die längsten Flüsse

Name	Länge km	Stromgebiet km²
Mississippi (–Missouri)	6 212	3 250 000
Mackenzie (–Athabasca)	4 240	1 813 000
Yukon	3 185	848 400
St. Lawrence	3 058	1 260 000
Rio Grande	3 023	580 000
Nelson-Saskatchewan	2 575	1 250 000
Arkansas	2 334	416 000
Colorado	2 334	590 000
Ohio (–Alleghany)	2 102	525 700
Columbia	1 954	668 000
Saskatchewan	1 940	336 700
Peace	1 923	303 000
Snake	1 671	382 300
Red	1 638	214 500
Churchill	1 609	410 000

Die größten Seen

Name	Fläche km²	Maximale Tiefe m	Meereshöhe m
Lake Superior	82 414	393	185
Lake Huron	59 596	226	177
Lake Michigan	58 016	281	177
Great Bear Lake	31 792	137	157
Great Slave Lake	28 438	140	158
Lake Erie	25 745	64	174
Lake Winnipeg	24 514	21	217
Lake Ontario	19 529	237	75
Lago de Nicaragua	8 430	70	34
Lake Athabasca	7 646	91	213
Reindeer Lake	6 651	–	337
Nettilling Lake	5 542	–	30
Lake Winnipegosis	5 374	12	253
Lake Nipigon	4 848	123	261
Lake Manitoba	4 660	7	248

Aktive Vulkane

Name – Staat	Meereshöhe m	Letzter Ausbruch
Popocatepetl – Mexiko	5 452	1932
Mount Wrangell – USA (Alaska)	4 268	1907
Acatenango – Guatemala	3 976	1972
Nevado de Colima – Mexiko	3 885	1983
Volcán de Fuego – Guatemala	3 835	1980

▼ Weltrekord

Die größte Halbinsel

Labrador, 1 320 000 km²
Staat: Kanada
Länge 1600 km, maximale Breite 1650 km (im Norden).
Die plateauförmige Oberfläche ist Bestandteil des Laurentian Plateaus im geologisch ältesten Teil des nordamerikanischen Festlandes.
Maximale Höhe 1676 m, in den Torngat Mountains.
Die zahlreichen Seen und die gegliederte nordöstliche Küste sind Reste der quartären Vergletscherung.

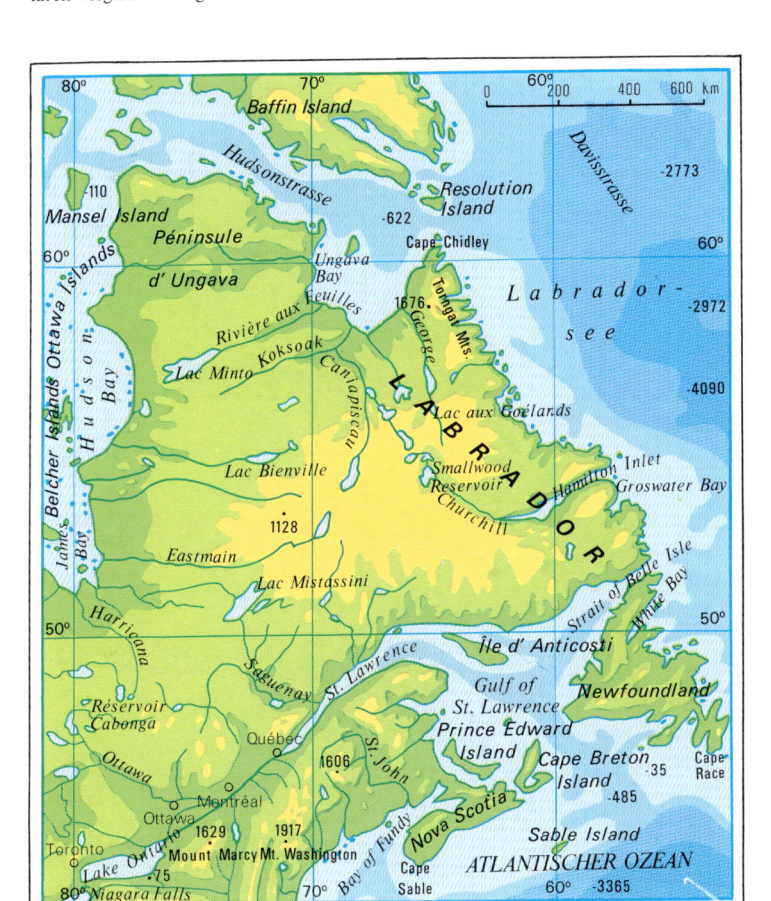

Der höchste Berg

Mount McKinley, 6194 m
Denali (indian.) = Groß
Staat: USA; Gebirge: Kordilleren
Mächtiger Berg mit zwei Gipfeln im Alaska Range des pazifischen Küstensystems. Die Gipfel sind mit Schnee bedeckt, die Hänge von Gletschern modelliert. In den Hochlagen steigt die Temperatur nie über −18 °C, dazu kommen wuchtige Stürme, die manchmal über 150 km/h erreichen.
Seit 1896 ist er benannt nach einem Präsidenten der USA.
Den nördlichen Gipfel erreichten die Goldgräber T. Lloyd und W. Taylor mit den Pelzjägern P. Anderson und Ch. Mc Gonagal im Jahre 1910, den um 150 m höheren Südgipfel die Gruppe von H. Stuck im Jahre 1913.

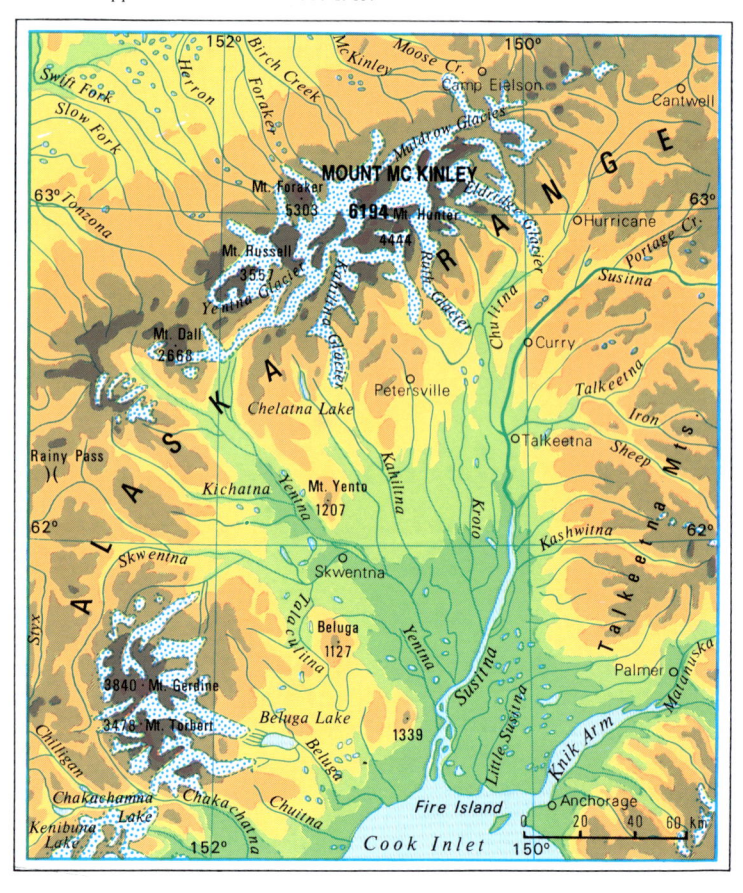

Der höchste Vulkan

Popocatépetl, 5452 m
Popocatépetl (indian.) = Rauchender Berg
Staat: Mexiko; Gebirge: Kordilleren
Aktiver Vulkan in Mesa de Anahuac, im höchsten Teil
der Sierra Madre Oriental; letzter Ausbruch 1932.
Durchmesser des Kraters 5 km, Tiefe 150 m, den Gipfel
bedecken Schnee und Eis.
Die ersten Europäer am Gipfel waren spanische Soldaten unter D. de Ordez, die auf Anregung von Hernandes Cortez im Jahre 1521 aus dem Krater Schwefel für Schießpulver holen wollten.

Der niedrigste Punkt

Death Valley, 86 m unter dem Meeresspiegel
Staat: USA
Abflußlose Senke am südwestlichen Rand des Großen Beckens (Great Basin), im nördlichen Teil der Mojave-Wüste (Mojave Desert). Die niedrigste Stelle befindet sich im Salzbecken Badwater.

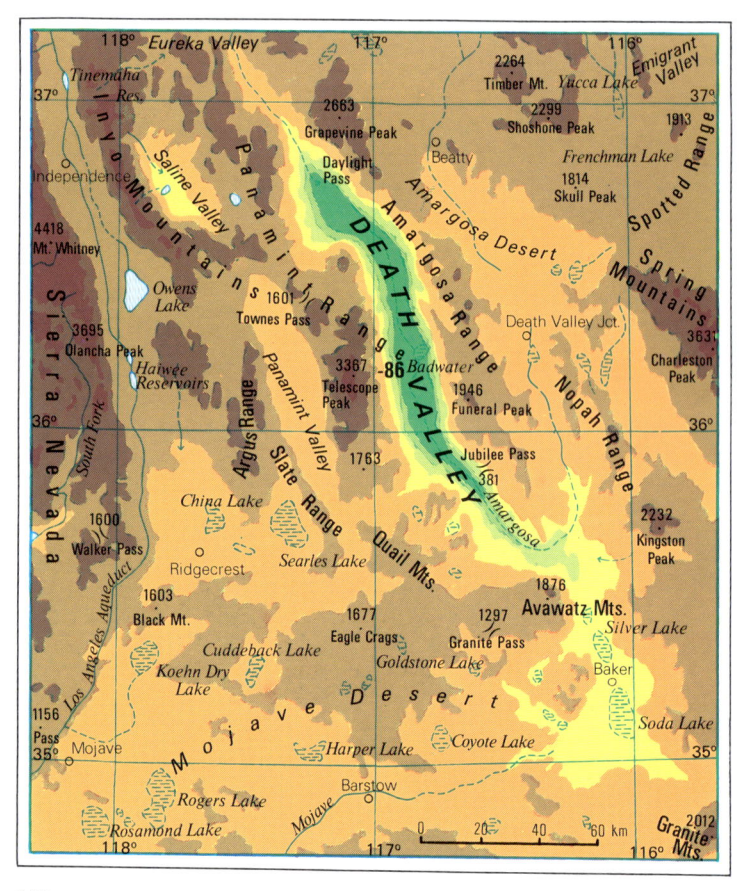

Trockenes, heißes Klima mit jährlichen Niederschlägen von weniger als 70 mm und maximalen Temperaturen über 50 °C.
Der Name enstand nach dem Tod einer Gruppe von Goldgräbern im Jahre 1849.
Ehemaliges Gebiet für Gold-, Silber und Kupfergewinnung, gegenwärtig sind die Lager erschöpft.
Seit 1933 ist Death Valley Nationalpark.

Der längste Fluß

Mississippi (zusammen mit **Missouri – Jefferson – Beaverhead – Red Rock**), **6212 km**
Staat: USA
Mississippi (indian.) = Großes Wasser
Die Fläche seines Stromgebietes nimmt 2/5 der Fläche der USA ein (3 250 000 km^2). Bei Überschwemmungen steigt der Wasserspiegel im oberen Verlauf um 7 m, im unteren um 14–18 m. In der Mündung werden jährlich etwa 360 Mill. Tonnen Material angeschwemmt. Das Delta hat eine Fläche von 21 000 km^2 mit 6 Hauptarmen, die jährlich um 85–100 m anwachsen.

Der größte See

Lake Superior, 82 414 km²
Staat: USA, Kanada
Der westlichste See der Großen Seen, Wasservolumen etwa 13 085 km³.
Zusammen mit den anderen Seen ist er etwa 4 Monate im Jahr zugefroren, vor allem an der Küste.

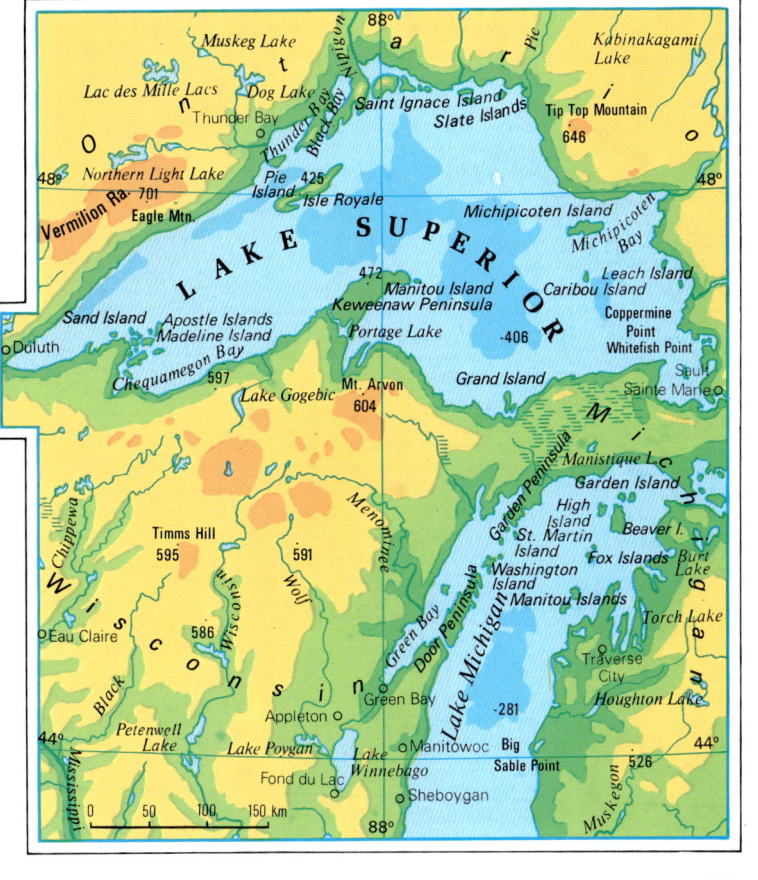

Niagarafälle – die mächtigsten Wasserfälle Nordamerikas

Gletscher in Grönland

Nordamerika – *Klima*

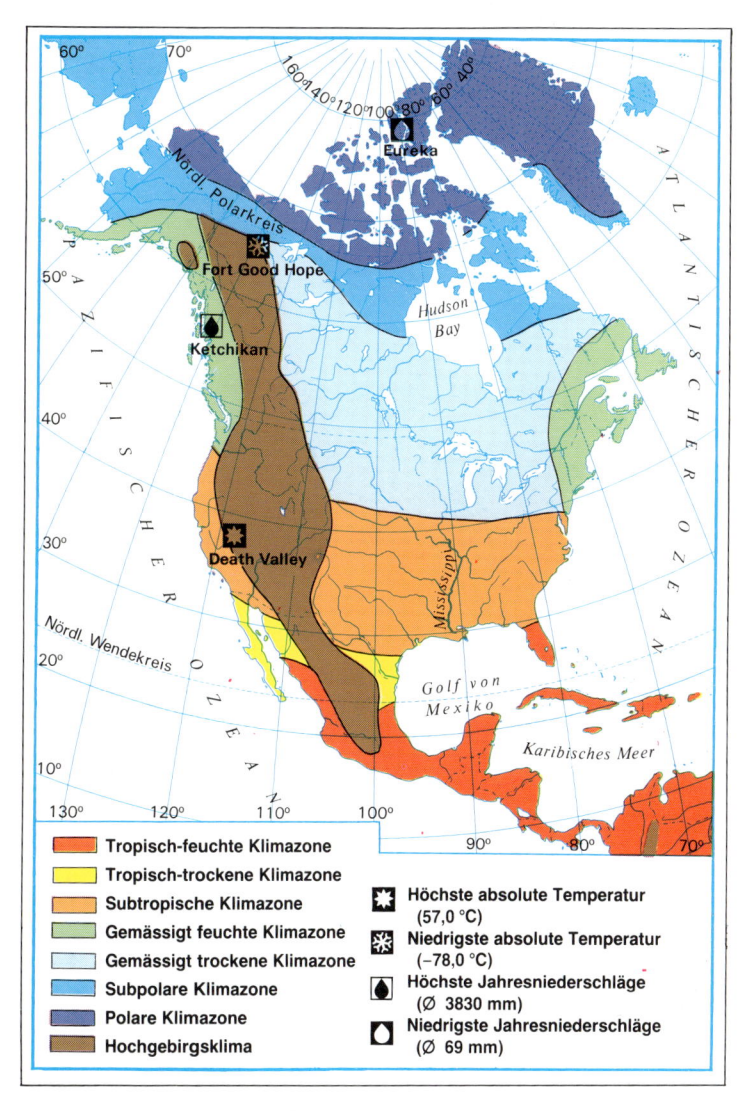

- Tropisch-feuchte Klimazone
- Tropisch-trockene Klimazone
- Subtropische Klimazone
- Gemässigt feuchte Klimazone
- Gemässigt trockene Klimazone
- Subpolare Klimazone
- Polare Klimazone
- Hochgebirgsklima

- Höchste absolute Temperatur (57,0 °C)
- Niedrigste absolute Temperatur (−78,0 °C)
- Höchste Jahresniederschläge (Ø 3830 mm)
- Niedrigste Jahresniederschläge (Ø 69 mm)

Südamerika

Südamerika erstreckt sich auf der westlichen Halbkugel zu beiden Seiten des Äquators, der Hauptteil südlich davon. Mit einer Fläche von 17 843 000 km^2 ist es der viertgrößte Kontinent. Mit Nordamerika ist er durch den schmalen Isthmus von Panama (48 km breit) verbunden.

Der nördlichste Punkt des Festlandes ist **Punta Gallinas** auf der Peninsula do Guajira in Kolumbien, 12°27' n. Br. (des ganzen Kontinents: Kap Kudarebe/Westpunt auf der Insel Aruba, 12°37' n. Br.), **der südlichste** ist **Cabo Forward** an der Magalhães-Straße (Estrecho de Magallanes), 53°54' s. Br. (Islas Diego Ramirez, 56°32' s. Br.), **der westlichste Punta Parinas** in Peru, 81°22' w. L. (Archipielágo de Colón, Galapagos, 92°01' w. L.) und **der östlichste Cabo Branco** in Brasilien 34°45', w. L. (die Insel Ilha do Sul in der Inselgruppe Ilhas Martin Vaz, 28°52' w. L.).

Die Küste ist wenig gegliedert, nur im Süden und Südwesten etwas mehr. Die Küstenlinie ist 28 700 km lang, Inseln und Halbinseln bilden 1,1 % des Kontinents.

Die älteste geologische Einheit des Festlandes ist der breite brasilianisch-guayanische Schild, aufgebaut aus ältesten Gesteinen und eruptiven Tiefenkörpern, geteilt durch eine tiefe Senke, in der der Amazonas fließt. Entlang dem ganzen westlichen Rand des Kontinents wurde im Tertiär und Quartär die Zone der südamerikanischen Kordilleren, der Anden (Cordillera de los Andes) aufgefaltet, wo bis heute die vulkanische Tätigkeit anhält.

Die ausgeprägteste Oberfläche hat der schmale Streifen der hochgehobenen und parallel angeordneten Gebirgszüge, der Anden, die eine ganze Reihe von Kesseln und Bergplateaus einschließen. Macizo de las Guyanas im Norden und Planalto Brasileiro im Osten sind bedeutend niedriger, ihre Oberfläche trägt Anzeichen von Verwitterung. Zwischen diesen orographischen Komplexen erstrecken sich die weiten Tiefebenen von Amazonas, Orinoco und La Plata. Klimatisch gehört der wesentliche Teil von Südamerika zur tropischen und subtropischen Zone. Der schmälere südliche Teil liegt im gemäßigten Klima. Der Küstenstreifen von Peru und Nordchile ist Küstenwüste. In den Anden wechselt das Klima mit der ansteigenden Meereshöhe. Die Patagonischen Anden im Süden sind stark vereist.

Das Flußnetz ist sehr gut ausgebildet und gehört zu den dichtesten auf der Welt. Der Großteil der Flüsse wird aus Niederschlägen versorgt und ist deshalb abhängig von Klima. Der größte Teil der Flüsse gehört zum Stromgebiet des Atlantischen Ozeans, er nimmt die ganzen Tiefebenen und die Gebiete der Mittelgebirge ein, 88 % der Oberfläche. In den Pazifischen Ozean münden nur die Ströme aus den westlichen Anden. Seen gibt es verhältnismäßig wenige. In der Andenregion kommen typische abflußlose Becken vor, die sogenannten Bolsone, und große Salzsümpfe, die Salare. Im Süden entstanden Seen mit Gletscherursprung, an der nördlichen und östlichen Tieflandküste sind Lagunenseen.

Die größten Inseln

Name	Fläche km²
Isla Grande de Tierra del Fuego	48 185
Ilha de Marajó	42 000
Salar de Uyuni	8 394
Isla de Chiloé	8 394
Isla Wellington	6 750
East Falkland	6 682
West Falkland	5 258
Trinidad	4 827
Isla Isabela	4 278

Die größten Seen

Name	Fläche km²	Meereshöhe m
Lago de Maracaibo	14 350	Meeresniveau
Lagoa dos Patos	10 145	Meeresniveau
Salar de Uyuni (Salzbecken)	10 000	3 660
Lago Titicaca▼	6 900	3 812
Lagoa Mirim	2 965	1
Lago de Poopó	2 530	3 690
Lago Buenos Aires	2 400	217
Lago Argentino	1 500	187

Die längsten Flüsse

Name	Länge km	Stromgebiet km²
Amazonas▼ (−Ucayali-Apurimac)	7 025	7 050 000
Paraná (−Grande)	4 380	4 250 000
Madeira (−Mamoré)	4 100	1 360 000
Purus	3 380	1 100 000
Juruá	3 285	−
Tocantins (−Araguaia)	3 100	1 180 000
São Francisco	2 900	631 670
Caquetá (−Japurá)	2 820	−
Tocantins	2 700	840 000
Araguaia	2 600	340 000
Paraguay	2 550	1 150 000
Negro (−Uaupés)	2 380	−
Uruguay (−Canoas)	2 200	420 000
Xingu	2 100	450 000
Orinoco	2 060	1 085 000
Ucayali (−Apurimac)	1 980	375 000
Tapajós	1 950	460 000
Parnaíba	1 720	344 000
Uruguay	1 650	306 000

Die höchsten Berge

Name − Staat	Höhe m
Aconcagua − Argentinien	6 959
Cerro Bonete − Argentinien	6 872
Nevado Ojos del Salado − Argentinien, Chile	6 870
Nevado Huascarán − Peru	6 807
Cerro Tupungato − Chile	6 800
Nevado Falso Azufre − Chile, Argentinien	6 790
Monte Pissis − Argentinien	6 779
Cerro Mercedario − Argentinien	6 770
Cerro de Tocorpuri − Bolivien, Chile	6 755
Volcán Llullaillaco* − Chile, Argentinien	6 723
Nevado de Cachi − Argentinien	6 720
Yerupaja − Peru	6 632
Nudo Coropuna* − Peru	6 613
Nevado Ancohuma − Bolivien	6 550
Nevado de Sajama − Bolivien	6 520
Nevado Illampur − Bolivien	6 485
Nevado de Illimani − Bolivien	6 457
Nev. Auzangate − Peru	6 364
Cerro del Toro − Argentinien, Chile	6 380
Chimborazo* − Ecuador	6 310

* inaktiver Vulkan

Aktive Vulkane

Name − Staat	Meereshöhe m	Letzter Ausbruch
Guallatiri* − Chile	6 060	1960
Volcán Lascar − Chile	5 990	1968
Cotopaxi − Ecuador	5 897	1975
Ubinas − Peru	5 672	1969
Nev. del Ruiz − Kolumbien	5 380	1986
Volcán Sangay − Ecuador	5 230	1981
Cerro Cotacachi − Ecuador	4 939	1955
Volcán Puracé − Kolumbien	4 756	1977
Reventador − Ecuador	3 485	1976

▼ Weltrekord

Die größte Insel

Isla Grande de Tierra del Fuego (Feuerland), 48 185 km²
Staat: Chile, Argentinien
Die größte Insel in der gleichnamigen Gruppe, durch die Magalhães-Straße (Estrecho de Magallanes) vom südlichen Teil des südamerikanischen Festlandes getrennt.
Süden und Westen der Insel sind hügelig, im Nordosten ist Tiefland.
Kühles Klima mit ständig wehenden starken Winden.
Benennung von Fernão de Magalhães, der die Inselgruppe im Jahre 1520 nach den Feuern, die er nachts auf den Inseln beobachtete, benannte.

Die größte Halbinsel

Península de la Guajira, 14 000 km²
Staat: Kolumbien, Venezuela
Die Küste ist wenig gegliedert, Tiefland.
Aus dem Inland reicht der nördlichste Ausläufer der Sierra de Perija, die hier eine Höhe von 853 m erreicht.
Nördlichster Punkt der Halbinsel: Punta Gallinas.
An der Küste der Halbinsel fuhren in den Jahren 1499 bis 1500 als erste Europäer die Spanier A. de Hojeda, J. de la Cosa und A. Vespucci entlang.

Der niedrigste Punkt

Salinas Grandés, 40 m unter dem Meeresspiegel
Staat: Argentinien
Tiefebene auf der Halbinsel Valdés, südlich vom Golfo San Matías an der Atlantischen Küste.
Das Klima ist verhältnismäßig trocken, an der Oberfläche bilden sich Salzablagerungen.
Nach neuesten Messungen ist der tiefste Punkt die Tiefebene von Gran Bajo de San Julián (105 m unter dem Meeresspiegel), die sich zwischen den Hügeln des Cordón Alto und dem unteren Teil des Flusses Chico im argentinischen Patagonien befindet.

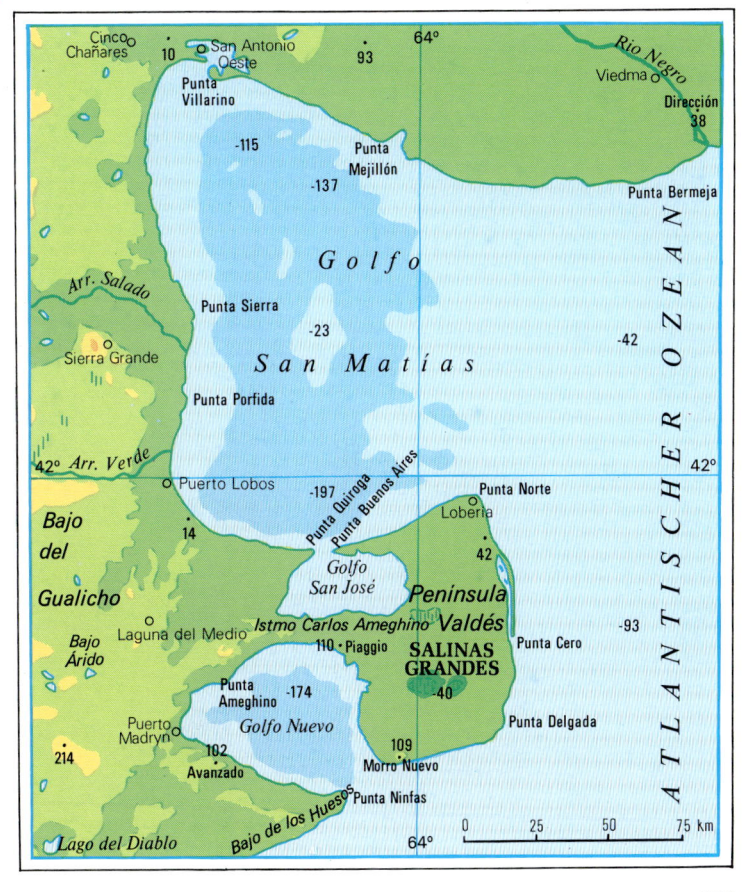

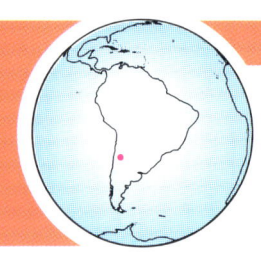

Der höchste Berg

Aconcagua, 6959 m
Staat: Argentinien
Gebirge: Anden
Höchster Berg der westlichen Halbkugel.
Im Unterschied zu den umgebenden Bergen ist er nicht vulkanischen Ursprungs.
Den Gipfel bedecken Gletscher, manche reichen bis in eine Höhe von 3900 m herab.

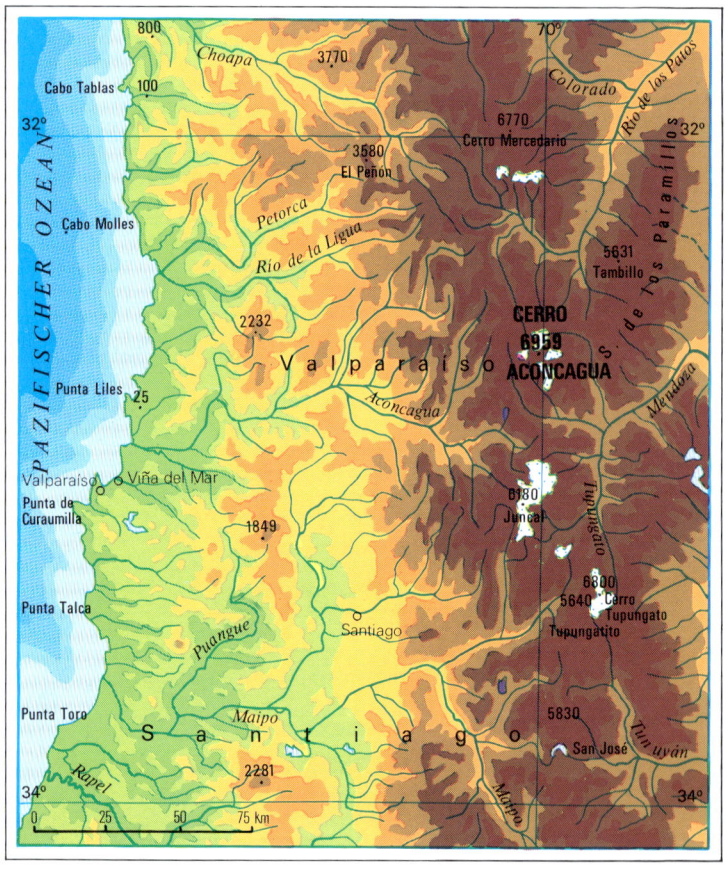

Das Gipfelgebiet bilden eigentlich zwei Gipfel, 1 km voneinander entfernt, verbunden durch einen sehr schmalen Kamm.
Die Schneegrenze liegt auf der trockenen nördlichen Seite in einer Höhe von etwa 6000 m ü.d.M., auf der südlichen Seite in einer Höhe von etwa 4000 m ü.d.M.
Der erste Mensch auf dem Gipfel war der Schweizer Mattias Zurbriggen im Jahre 1897.
Der Berg erforderte schon verhältnismäßig viele Opfer aus den Reihen der Bergsteiger, weniger wegen der hohen Ansprüche als wegen der häufigen und mächtigen Wetterveränderungen.

Der größte See

Lago de Maracaibo, 14 350 km²
Staat: Venezuela
Lagunensee, im Norden durch eine schmale Meerenge und die Bahía de Tablazo vom Golfo de Venezuela im Karibischen Meer getrennt.
Er liegt in der tektonischen Vertiefung zwischen Sierra de Perijá im Westen und Cordillera de Mérida im Osten.
Die Küste ist Tiefland, im Südwesten sumpfig, fast die ganze Länge ist mit niedrigem Mangrovenwald bewachsen.

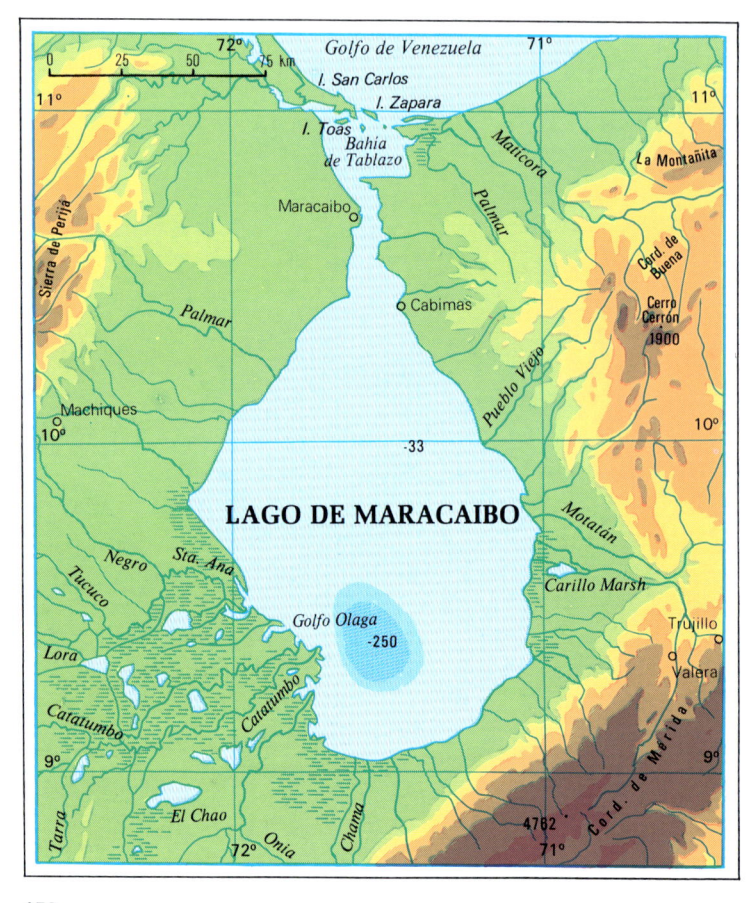

Der größte Süßwassersee

Lago Titicaca, 6900 km²
Staat: Peru, Bolivien
Der höchstgelegene schiffbare See der Welt
(3812 m ü.d.M.).
Er liegt in einem Becken mitten im Gebirge, im zentralen Teil der Anden, und hat tektonischen Ursprung. Der See wird von einigen kürzeren Strömen der umgebenden Hänge gespeist.
Das Gebiet hat sehr günstige klimatische Bedingungen.
Auf künstlichen Inseln aus Schilf, die auf der Oberfläche schwimmen, leben die Indianer des Stammes Uru.

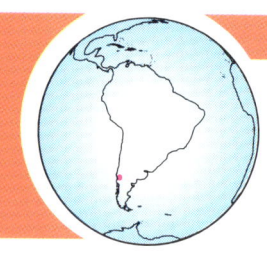

Der größte Gletscher

Darwin, Länge **350 km**, Breite etwa **40 km**
Staat: Chile
Gebirge: Anden

Der südlichere von zwei Riesengletschern in den Patagonischen Anden. Er bedeckt die Berggruppe Cordillera Darwin mit dem höchsten Gipfel Murallón (3630 m).
Im Westen erreichen einige Gletscherzungen die Meeresküste, im Osten die Seen San Martin, Viedma und Argentino.

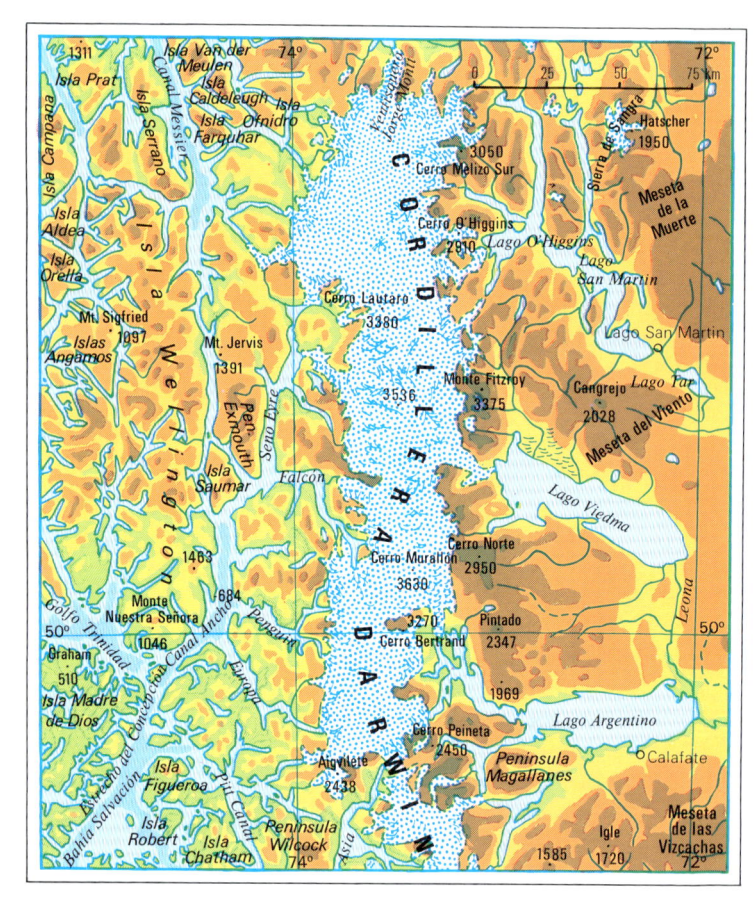

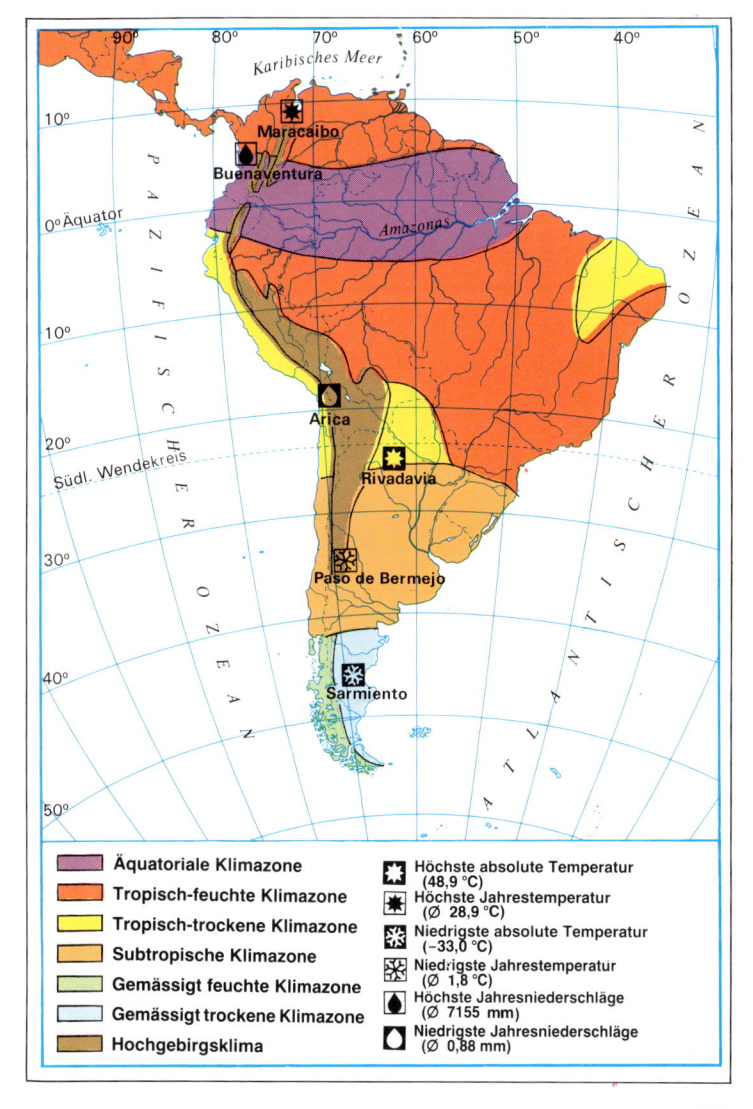

Südamerika – *Klima*

	Legende		
	Äquatoriale Klimazone	⬛	Höchste absolute Temperatur (48,9 °C)
	Tropisch-feuchte Klimazone	✴	Höchste Jahrestemperatur (Ø 28,9 °C)
	Tropisch-trockene Klimazone	❄	Niedrigste absolute Temperatur (−33,0 °C)
	Subtropische Klimazone	❄	Niedrigste Jahrestemperatur (Ø 1,8 °C)
	Gemässigt feuchte Klimazone	⬤	Höchste Jahresniederschläge (Ø 7155 mm)
	Gemässigt trockene Klimazone	○	Niedrigste Jahresniederschläge (Ø 0,88 mm)
	Hochgebirgsklima		

Orte: Maracaibo, Buenaventura, Arica, Rivadavia, Paso de Bermejo, Sarmiento

Australien und Ozeanien

Map: Pacific Ocean / New Zealand region

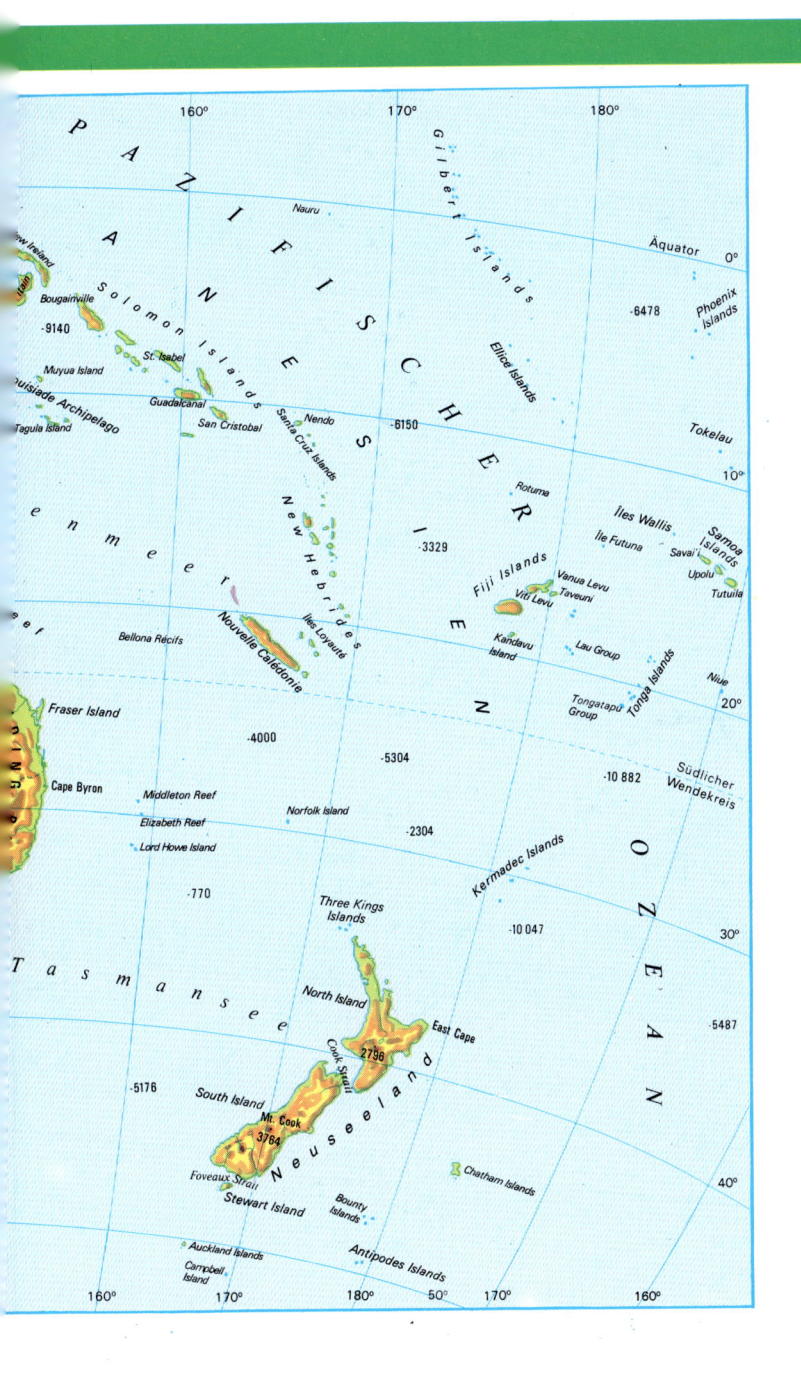

Labels (west to east, north to south)

- 160°, 170°, 180°, 170°, 160° (longitude)
- 0° Äquator
- 10°, 20°, 30°, 40°, 50° (latitude)
- Südlicher Wendekreis

Ocean / Sea names

- PAZIFISCHER OZEAN
- Tasmansee
- ...enmeer (Korallenmeer)

Island groups and features

- New Ireland
- Bougainville · -9140
- Solomon Islands
- Muyua Island
- Louisiade Archipelago
- Tagula Island
- St. Isabel
- Guadalcanal
- San Cristobal
- Nendo
- Santa Cruz Islands
- New Hebrides
- Bellona Récifs
- Nouvelle Calédonie
- Îles Loyauté
- Nauru
- Gilbert Islands
- Ellice Islands
- -6150
- -3329
- -6478
- Phoenix Islands
- Tokelau
- Rotuma
- Îles Wallis
- Île Futuna
- Samoa Islands
- Savai'i
- Upolu
- Tutuila
- Fiji Islands
- Vanua Levu
- Taveuni
- Viti Levu
- Kandavu Island
- Lau Group
- Tonga Islands
- Tongatapu Group
- Niue
- Fraser Island
- Cape Byron
- Middleton Reef
- Elizabeth Reef
- Lord Howe Island
- Norfolk Island
- -4000
- -5304
- -2304
- -10 882
- -770
- Kermadec Islands
- -10 047
- Three Kings Islands
- North Island
- East Cape
- Cook Strait
- 2796
- -5176
- South Island
- Mt. Cook 3764
- Neuseeland
- Foveaux Strait
- Stewart Island
- Bounty Islands
- Chatham Islands
- -5487
- Antipodes Islands
- Auckland Islands
- Campbell Island

Der kleinste Kontinent, Australien, liegt auf der südlichen Halbkugel. Östlich davon erstreckt sich das größte Inselgebiet der Erde, Ozeanien, das den mittleren und südwestlichen Teil des Pazifischen Ozeans einnimmt.

Der nördlichste Punkt auf dem australischen Festland ist **Cape York**, 10°41' s. Br. (des ganzen Kontinents die Insel Mata Kawa, 9°11' s. Br.), **der südlichste South East Point**, 39°07' s. Br., **der westlichste Steep Point**, 113°09' ö. L. und der **östlichste Cape Byron**, 153°39' ö. L. **Der nördlichste Punkt** von Ozeanien ist **Kure Atoll**, 28°25' n. Br., **der südlichste Campbell Island**, 52°30' s. Br., **der westlichste** die **Pulau Misool**, 129°43' ö. L. (von Ozeanien und Australien das Kap Cape Inscription auf der Insel Dirk Hartog Island, 113°00' ö. L.) und der **östlichste** die **Insel Isla Sala-y-Gómez**, 105°28' w. L.

Australien ist umgeben vom Indischen und Pazifischen Ozean. Von Asien ist es 350 km entfernt, von Südamerika 13 000 km. Die Küste ist wenig gegliedert, die Küstenlinie 19 700 km lang.

Die Grundlage des Festlandes bildet der uralte australische Schild, der die westliche Hälfte von Australien und die Insel Neuguinea einnimmt. Im Osten schließt sich daran die Zone der kaledonischen Auffaltung, die sich vom Gulf of Carpentaria bis Tasmanien erstreckt. Entlang der östlichen und südöstlichen Küste des Kontinents liegt die Zone der Australischen Kordilleren, aufgefaltet zur Zeit der herzynischen Auffaltung.

Die Inseln und Inselgruppen Ozeaniens sind je nach ihrem Ursprung Kontinental-, Korallen- oder Vulkaninseln.

Die Oberfläche des australischen Festlandes ist relativ eintönig, man kann sie in drei Grundeinheiten einteilen: Die westliche Hälfte des Festlandes füllt das Westaustralische Plateau mit einer Durchschnittshöhe von 200–500 m ü.d.M. aus. Es hat den Charakter einer gewellten, öden Ebene, aus der niedere Gebirge ragen. Seinen mittleren und teilweise auch westlichen Teil bilden weite Wüsten. Im zentralen Teil von Australien erstrecken sich die Mittelaustralischen Tiefebenen mit dem Großen Artesischen Becken (Great Artesian Basin) und der Depression des Lake Eyre. Der ausgeprägteste und höchste orographische Komplex sind die Australischen Kordilleren (Great Dividing Range) im Osten, durch Brüche in eine Reihe von einzelnen Gebirgen geteilt.

Die Inseln Ozeaniens teilt man aus physisch-geographischer Sicht in drei Gruppen: Melanesien wird von Inseln und Inselgruppen vorwiegend vulkanischen Ursprungs östlich und nordöstlich von Australien gebildet. Hier liegt die größte Insel Ozeaniens. Nördlicher liegen die Inseln Mikronesiens, die alle Typen von Koralleninseln darstellen, von kleinen Korallenriffen bis zu großen Atollen. Polynesien nimmt das ganze östliche Ozeanien und den äußersten Südwesten des Pazifischen Ozeans ein. Hier befinden sich Vulkan- und Koralleninseln. Dazu gehört auch Neuseeland (New Zealand).

Der überwiegende Teil der ozeanischen Inseln und 2/5 von Australien gehören zur tropischen Klimazone, 3/5 des australischen Festlandes haben subtropisches Klima. Das Binnenland ist charakterisiert durch sehr warmes Klima mit wenig Niederschlägen. Am meisten Nässe haben die östlichen windigen Abhänge der Australischen Kordilleren, die westliche Küste Tasmaniens im Süden und die Halbinseln im Norden. Die Inseln von Ozeanien haben im allgemeinen genügend Feuchtigkeit.

Eine häufige Erscheinung sind verheerende Taifune, die in der äquatorialen Zone, hauptsächlich in der Umgebung der Marianen und der Karolinen entstehen. Stürmische Unwetter kommen auch an der westlichen und östlichen Küste Australiens vor.

Das Flußnetz des australischen Kontinents ist infolge der ungenügenden Niederschläge und ihrer ungleichmäßigen Verteilung im Verlauf des Jahres nur schwach entwickelt. 54 % des Gebietes bilden abflußlose Gegenden. 38 % gehören zum Einzugsgebiet des Indischen, 8 % zum Einzugsgebiet des Pazifischen Ozeans. Ein dichteres Flußnetz mit ganzjährig fließenden Flüssen hat sich nur in einer schmalen Küstenzone im Osten entwickelt. Im Binnenland fließen die Flüsse nur periodisch oder episodisch. Es gibt verhältnismäßig wenige Seen, meistens bilden sich Salzseen. Große Bedeutung haben die Vorräte an unterirdischem Wasser aus den artesischen Becken. In Ozeanien haben sich größere Ströme und Seen nur auf den größeren Inseln entwickelt. Der See Manapouri auf Neuseeland, dessen Boden 263 m unter dem Meeresspiegel liegt, ist die größte Kryptodepression von Ozeanien.

Die größten Inseln

Name	Fläche km²
Neuguinea	785 000
South Island (Neuseeland)	150 461
North Island (Neuseeland)	114 688
Tasmania	64 408
New Britain	34 750
Nouvele Calédonie (Neukaledonien)	16 058
Viti Levu	10 497
Hawaii	10 456
New Ireland	10 414
Tombara	9 842
Bougainville	9 792
Guadalcanal	6 470
Vanua Levu	5 816

Die höchsten Berge

Name – Staat, Insel	Höhe m
Puncak Jaya – Indonesien, Irian	5 030
Puncak Mandala – Indonesien, Irian	4 760
Puncak Trikora – Indonesien, Irian	4 750
Mount Wilhelm – Papua-Neuguinea	4 509
Mauna Kea – USA, Hawaii	4 201
Mount Cook – Neuseeland	3 764
Mount Tasman – Neuseeland	3 498
Mount Sefton – Neuseeland	3 157
Mont Orohena – Tahiti	2 235
Mount Kosciusko – Australien	2 230

Die längsten Flüsse

Name	Länge km	Stromgebiet km²
Murray (–Darling)	3 717	1 072 000
Darling (–Barwon)	2 720	710 000
Murrumbidgee	2 160	84 020
Fly	1 150	–
Lachlan	1 126	67 500
Cooper Creek (–Thomson)	960	–

Die größten Seen

Name	Fläche km²	Meershöhe m
Lake Eyre	8 800	-16
Lake Torrens	5 900	30
Lake Gairdner	5 500	110
Lake Frome	2 410	80
Lake Barlee	1 450	370
Lake MacLeod	1 300	5
Lake Taupo	606	369

Aktive Vulkane

Name – Staat, Insel	Meershöhe m	Letzter Ausbruch
Mauna Loa – USA, Hawaii	4 171	1975
Mount Ruapehu – Neuseeland, North Island	2 796	1975
Ulawun – Papua-Neuguinea, New Britain	2 300	1973
Mount Ngauruhoe – Neuseeland, North Island	2 291	1975
Manam – Papua-Neuguinea	1 830	1977
Kilauea – USA, Hawaii	1 222	1975

Die größte Insel

Neuguinea, 785 000 km²
Staat: Indonesien, Papua-Neuguinea
Zweitgrößte Insel der Welt, 150 km von der Nordküste Australiens entfernt.
Parallele Gebirgsketten fast über die gesamte Länge, im Norden hügelig, im Süden erstreckt sich eine Tiefebene, das Innere bedecken tropische Urwälder.
Vor den Europäern kamen asiatische Seefahrer, die mit der Urbevölkerung Handel trieben.
Als erster Europäer sah der Portugiese Antonio d'Abreu die Insel im Jahre 1512, aber erst 1526 landete hier sein Landsmann Jorge de Menezes.

Die größte Halbinsel

Arnhem Land, 243 000 km²
Staat: Australien
Halbinsel im Norden des Festlandes.
Die Küste ist gegliedert, mit vielen Buchten und Küsteninseln.
Das Binnenland ist plateauförmig mit durchschnittlichen Höhen von 350–500 m ü.d.M.
Tiefebenen an den Küsten mit Mangroven und tropischen Dschungeln bedeckt, im Inland Busch- und Savannenlandschaft.

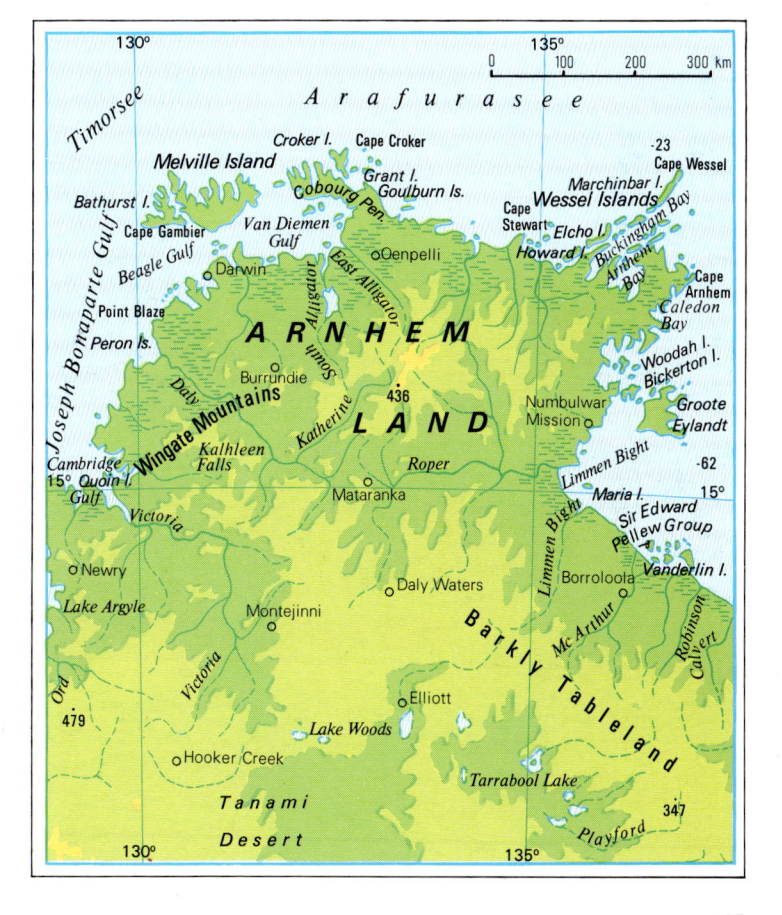

Der höchste Berg Ozeaniens

Puncak Jaya, 5030 m
Staat: Indonesien
Insel: Neuguinea
Ältere Namen: Carstensz Pyramide, Puncak Sukarno.
Der Berg wird gebildet von kristallinen Gesteinen, liegt in der höchsten Berggruppe der Insel, Pegunungan Maoke (Schneeberge).
Der Gipfel ist immer von Schnee und Gletschern bedeckt.

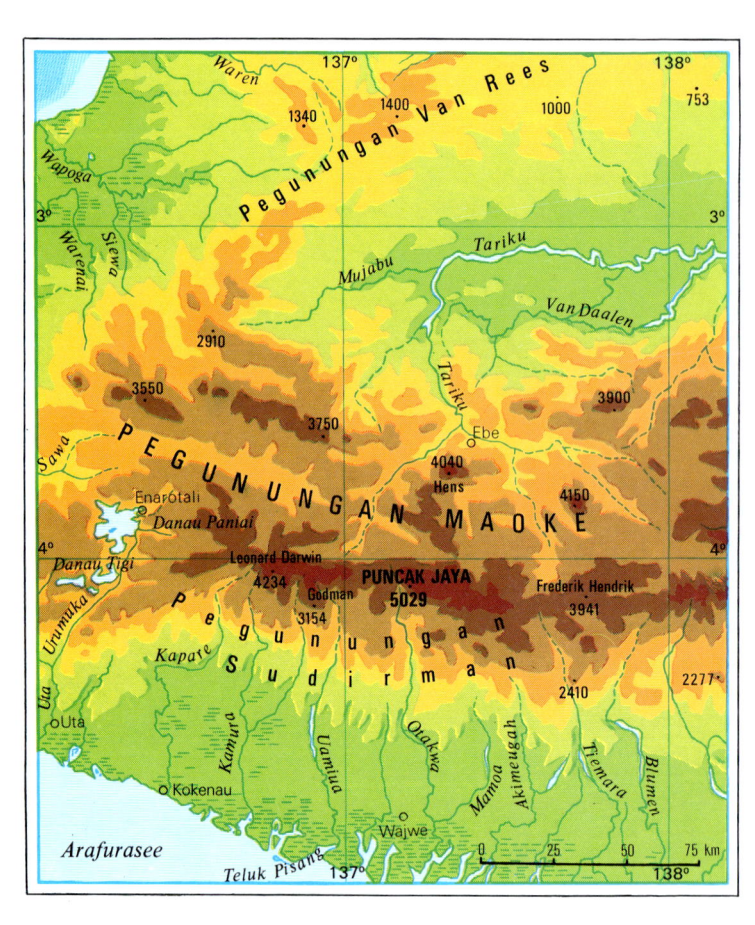

Der höchste Berg Australiens

Mount Kosciusko, 2230 m
Gebirge: Australische Alpen
Berg im Südosten des australischen Festlandes in der höchsten Berggruppe, den Snowy Mountains (Schneeberge).
Im Winter liegt er immer unter einer durchgehenden Schneedecke.

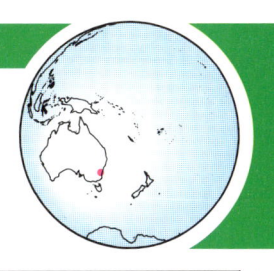

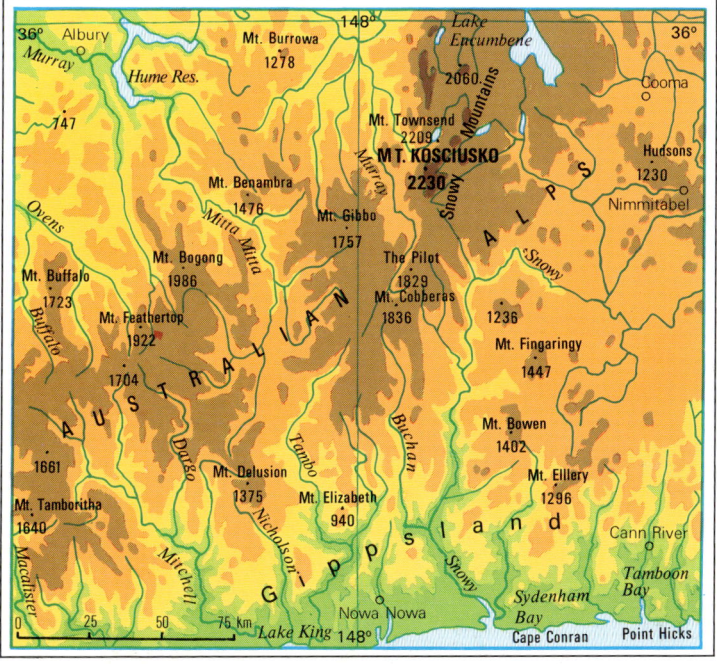

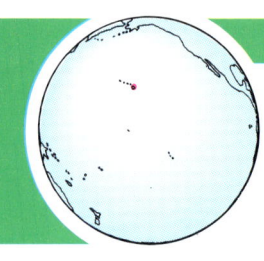

Der höchste Vulkan

Mauna Loa, 4171 m
Pazifischer Ozean, Hawaii
Staat: USA
Mauna Loa = Großer Berg
Aktiver Vulkan auf der Insel Hawaii, letzter Ausbruch im Jahre 1977. Ein mächtiger Berg in der Form eines abgeschnittenen Kegelstumpfes, hat das größte Volumen auf der Erde.
Die Achsen der elliptischen Basis, die 4975 m unter dem Meeresspiegel liegen, messen 119 km und 85 km.

Der größte See und der niedrigste Punkt

Lake Eyre, 8800 km², 16 m unter dem Meeresspiegel
Staat: Australien
Salzsee in der abflußlosen Vertiefung südlich der Simpson-Wüste (Simpson Desert).
Die Fläche ändert sich; die maximale Fläche zur Regenzeit beträgt 15 000 km².
Die größte bekannte Wassermenge hatte der See 1974, es waren 32 km³; die letzte Überschwemmung war 1989.
Benannt nach Edward John Eyre, der ihn 1840 entdeckte.

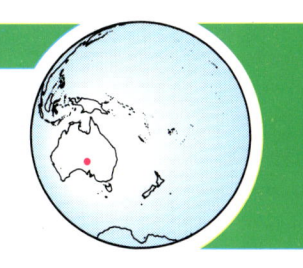

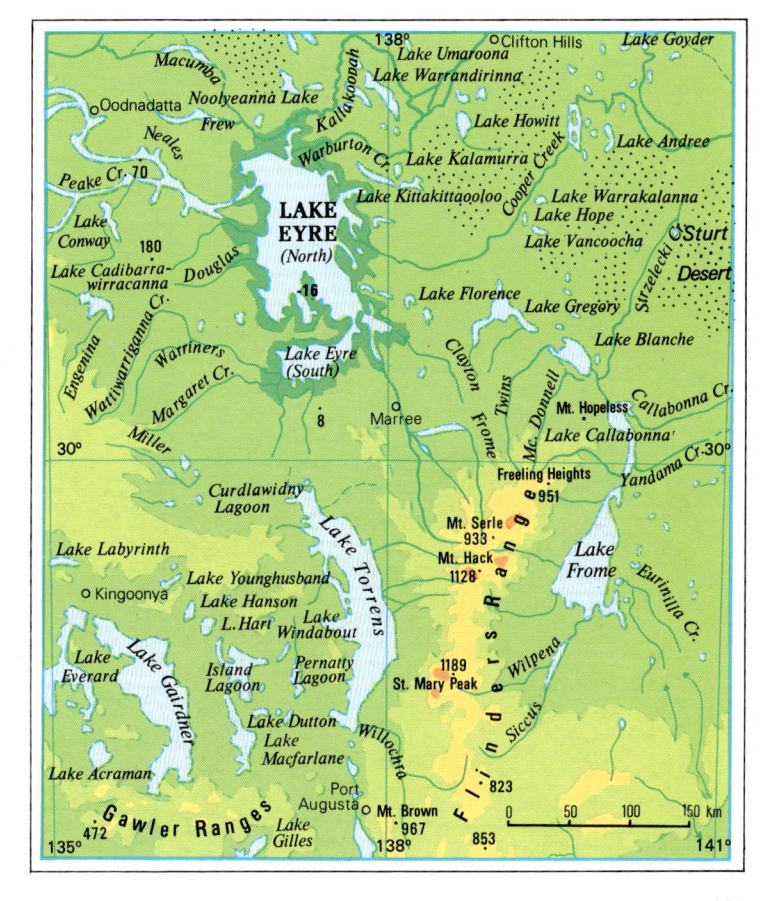

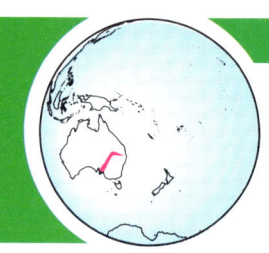

Der längste Fluß

Murray (zusammen mit **Darling**), **3717 km**
Staat: Australien
Fläche des Stromgebietes: 1 160 000 km²
Murray entspringt unter den Schneebergen (Snowy Mountains) in den Australischen Alpen.
Er ist kürzer, aber viel wasserreicher als sein Zufluß Darling, der in der Trockenperiode kein Wasser führt.
Mündet im Lagunensee Lake Alexandrina.
Zur Zeit der sommerlichen Überschwemmungen steigt der Wasserspiegel um 8—10 m.

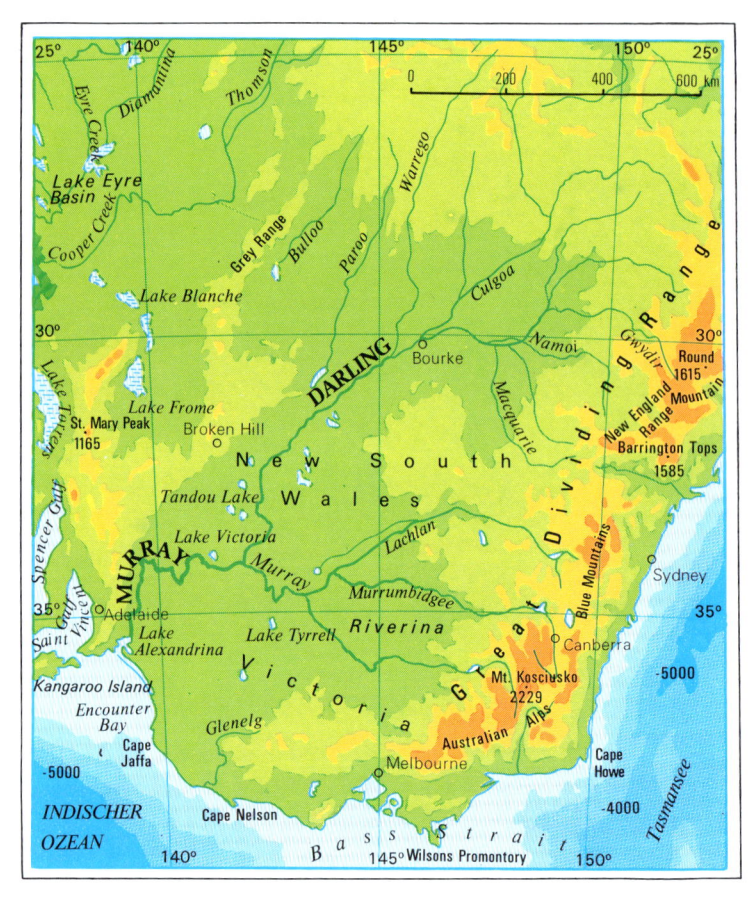

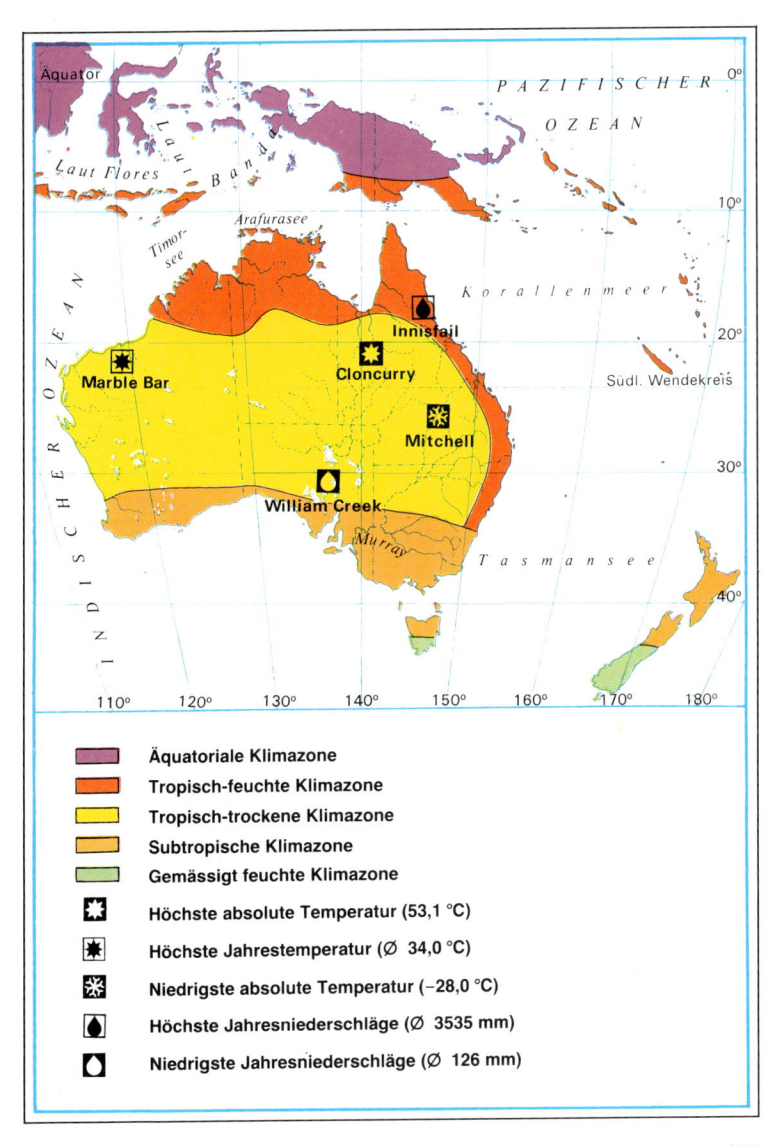

Australien – *Klima*

- 🟪 Äquatoriale Klimazone
- 🟧 Tropisch-feuchte Klimazone
- 🟨 Tropisch-trockene Klimazone
- 🟫 Subtropische Klimazone
- 🟩 Gemässigt feuchte Klimazone
- ✱ Höchste absolute Temperatur (53,1 °C)
- ✳ Höchste Jahrestemperatur (Ø 34,0 °C)
- ❄ Niedrigste absolute Temperatur (−28,0 °C)
- ⬤ Höchste Jahresniederschläge (Ø 3535 mm)
- ⬤ Niedrigste Jahresniederschläge (Ø 126 mm)

Antarktika

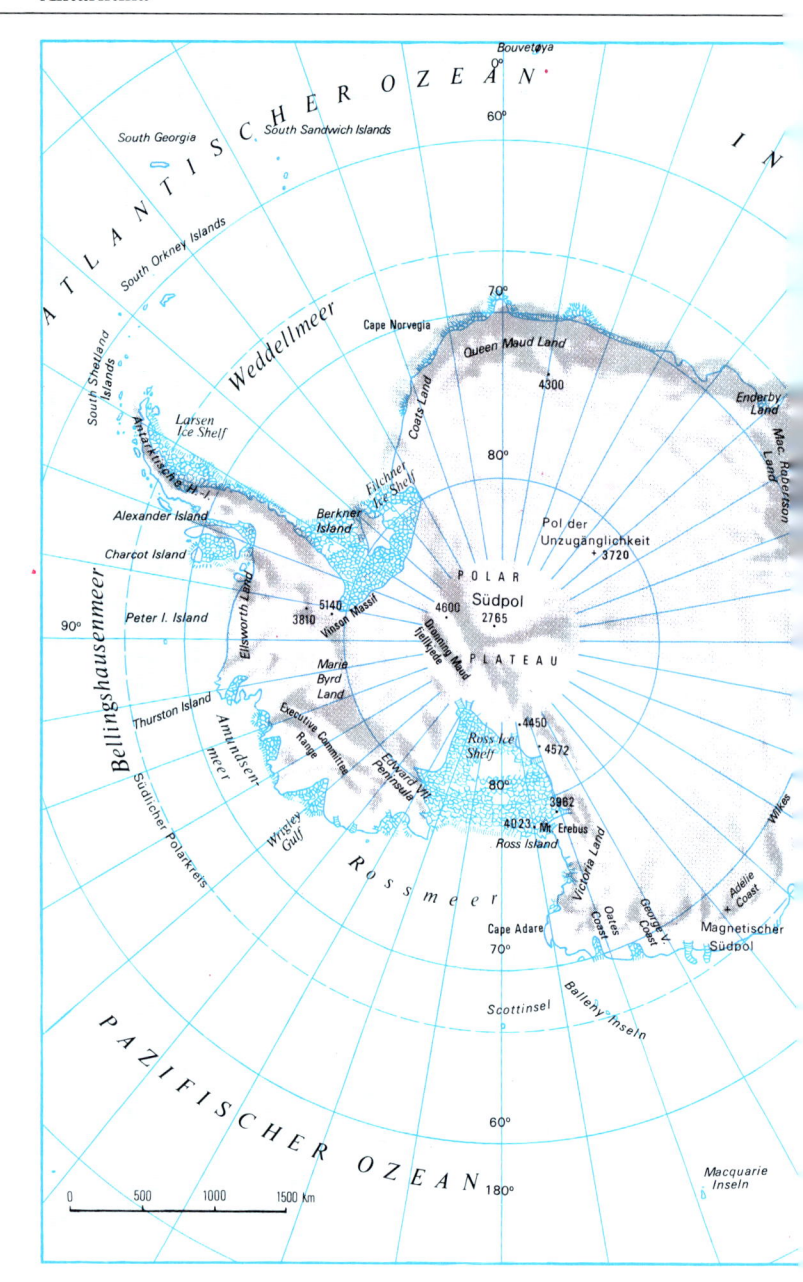

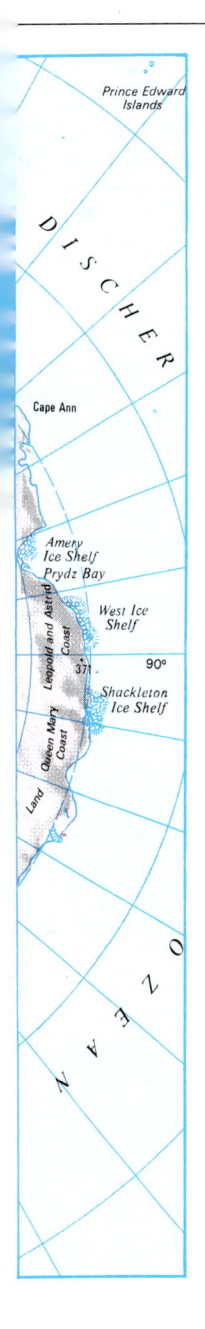

Der Kontinent Antarktika umgibt fast symmetrisch den geographischen Südpol. Nur ein kleiner Teil des Festlandes reicht über den südlichen Polarkreis hinaus.

Als Grenze des gesamten antarktischen Gebietes gilt die klimatische Grenze, gebildet durch die Januar-Isotherme 10 °C, die sich ungefähr mit der südlichen Waldgrenze deckt. Der so begrenzte Kontinent mißt 67,84 Mill. km². Das eigentliche Festland hat eine Fläche von 14 108 000 km², das Schelfeis inbegriffen. Ohne das Eis sind es 13 209 000 km², also 8,83 % der gesamten Landfläche auf der Erde. Die Fläche der anliegenden Inseln ist 75 500 km², der entfernten subantarktischen Inseln 13 198 km².

Die Küste ist sehr wenig gegliedert, etwa die Hälfte ist vereist. Der Küstenstrich ist fast 30 000 km lang. **Die kleinste Entfernung zwischen gegenüberliegenden Ufern ist 2900 km, die größte 5500 km.** Von Afrika ist Antarktika etwa 4000 km, von Australien 3200 km und von Südamerika 1450 km entfernt.

Der geographische Südpol befindet sich auf der Südpolaren Ebene, ungefähr in der Mitte des Festlandes, in einer Höhe von 2800 m über dem Meeresspiegel. Die Lage des magnetischen Südpols ändert sich, 1980 lag er im Schelfgletscher bei der Adelie-Küste. **Der südliche geomagnetische Pol** ist im Binnenland der Östlichen Antarktika. **Der Pol der Unzugänglichkeit**, die relativ entlegenste Stelle des Kontinents, liegt 82°06' s. Br. und 54°58' ö. L.

Aus geologischer und geomorphologischer Sicht ist die eigentliche Gesteinsunterlage in zwei Teile geteilt. Ungefähr 3/4 der Fläche nimmt die Östliche Antarktika ein. Sie wird von einem alten Festlandschild gebildet, zusammengesetzt überwiegend aus vorpaläozoischen Gesteinen. Durch spätere gebirgsbildende Bewegungen wurde sie in einzelne unregelmäßig gehobene Schollen zerbrochen. Die Westliche Antarktika wird von jungen Zonengebirgen gebildet, die sich gegen Ende des Mesozoikums und des Tertiärs falteten.

Die Oberfläche ist zu etwa 96 % durchgehend vereist. Aus der Eisdecke treten nur unscheinbare Teile der Küste und die höchsten Gipfel der Gebirge hervor. Den größten Teil der Vereisung bildet am Festland die Eisspitze mit einer eintönigen Oberfläche. **Die höchste Dicke** erreicht sie mit **4744 m** im südlichen Teil des Wilkeslandes, wo sie mehr als 1500 m unter den Meeresspiegel reicht. In den Vertiefungen entstehen Gletscherströme des Festlandtyps, auf den Gipfeln der höchsten Gebirge sind Talgletscher von alpinem Typ verbreitet, die Küste wird von flachen Tafeln der Schelfgletscher (Küstengletscher) gesäumt. Das höchste Gebirge sind die Ellsworth Mountains in der Westlichen Antarktika, am längsten ist das Transantarktische Gebirge am westlichen Rand der Östlichen Antarktika.

Die Inseln der Antarktis haben Festland- und ozeanischen Ursprung. Zum größten Teil sind sie hügelig und vereist, viele entstanden durch vulkanische Tätigkeit.

Das Klima des Festlands ist kühl und extrem trocken. Im Binnenland der Östlichen Antarktika liegt **der Kältepol** der Erde. **Das absolute Temperaturminimum (-88,3 °C)** registrierte die Station Vostok. Die jährlichen Durchschnittswerte von Temperatur und Niederschlägen steigen vom Inland in Richtung Küste.

Ein Flußnetz hat sich auf dem Festland nicht entwickelt. Vorübergehende Ströme entstehen nur zur Sommerzeit in Gebieten, die nicht mit Eis bedeckt sind. Sie befinden sich an manchen Stellen an der Küste der Antarktischen Halbinsel (Antarctic Peninsula) und in Oasen. In den Oasen haben sich kleine, vorwiegend Süßwasserseen mit Gletscherursprung gebildet. Man findet aber auch salzige und bittere Seen.

Meteorologische Station in der Antarktika — Mirnyj

Die größte Insel

Alexander I. Island, 43 200 km²
Hügelige, gletscherbedeckte Insel in der Westlichen Antarktika, umgeben vom Bellingshausenmeer. Von der Antarktischen Halbinsel (Antarctic Peninsula) getrennt durch die enge, zugefrorene Meeresstraße George VI., die der Schelfgletscher ausfüllt.
Die Insel wurde von einer russischen Expedition unter der Führung von Fabian von Bellingshausen im Jahre 1821 entdeckt und als Teil des Festlandes betrachtet.

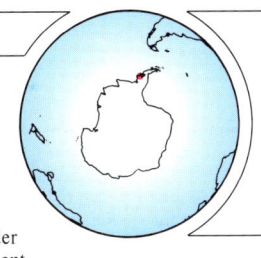

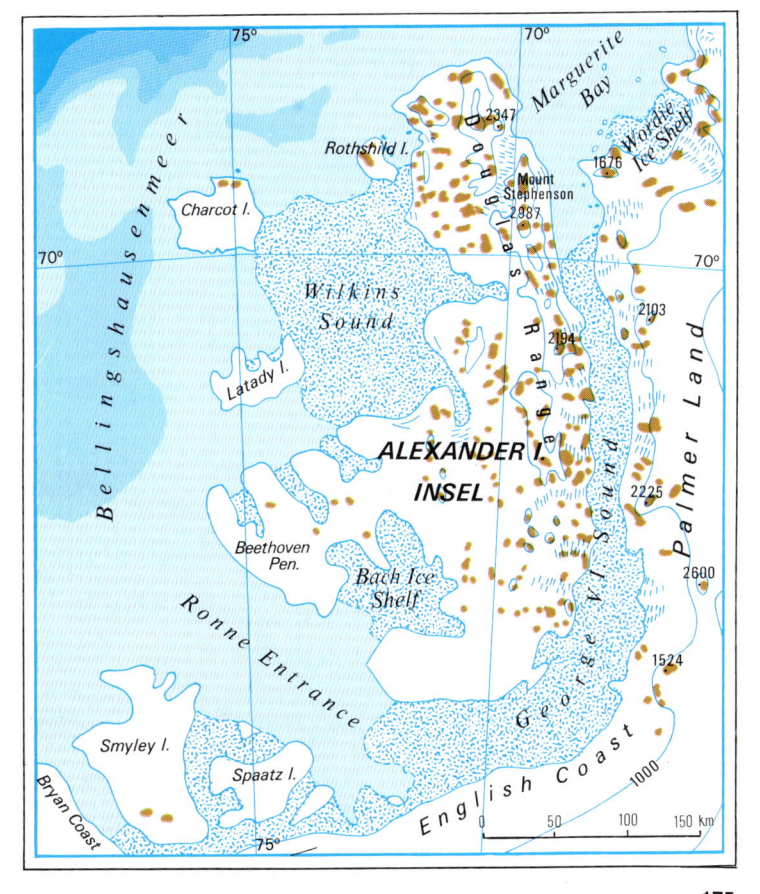

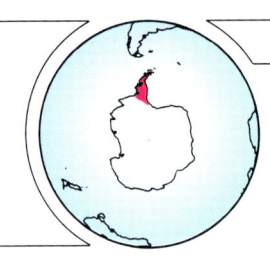

Die größte Halbinsel

Antarctic Peninsula (Antarktische Halbinsel), ungefähr **300 000 km²**

Länge etwa 1300 km, Breite im Süden 200 km, im Norden 40–100 km.
Hügelige Halbinsel in der Westlichen Antarktika.
Höchster Berg: Mount Jackson (4190 m).
Die Oberfläche ist zum größten Teil vereist, an vielen Stellen, vor allem an der Küste, ragt die Felsunterlage hervor.
An der Küste, vor allem westlich und nördlich, sind viele Inseln. Die Halbinsel entdeckte der Amerikaner Nathaniel B. Palmer am 17. 1. 1820.

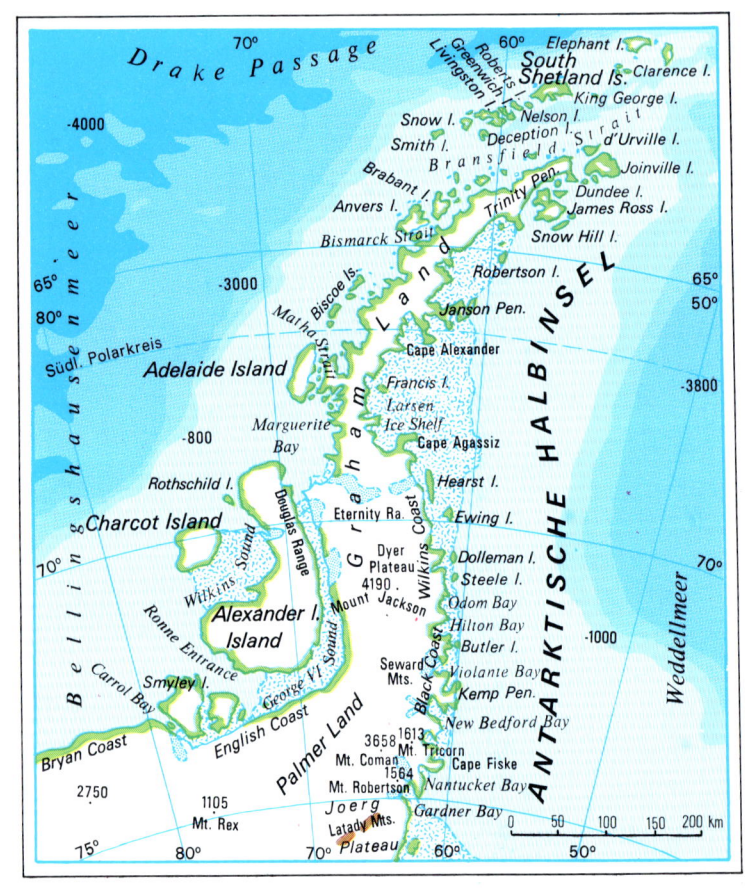

Der höchste Berg

Vinson Massif, 5140 m
Liegt im Norden der Ellsworth Mountains in der Westlichen Antarktika.
Die Gletscheroberfläche reicht bis auf 2210 m Höhe.
Gesamtlänge des Gebirges: 380 km.
Der höhere nördliche Teil trägt den Namen Sentinel Range, der südliche Heritage Range.
Den höchsten Berg und eine Reihe von niederen Gipfeln erreichte zum erstenmal eine Expedition unter der Leitung des Amerikaners N. Clinch im Jahre 1966.

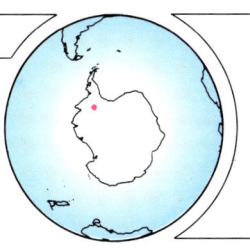

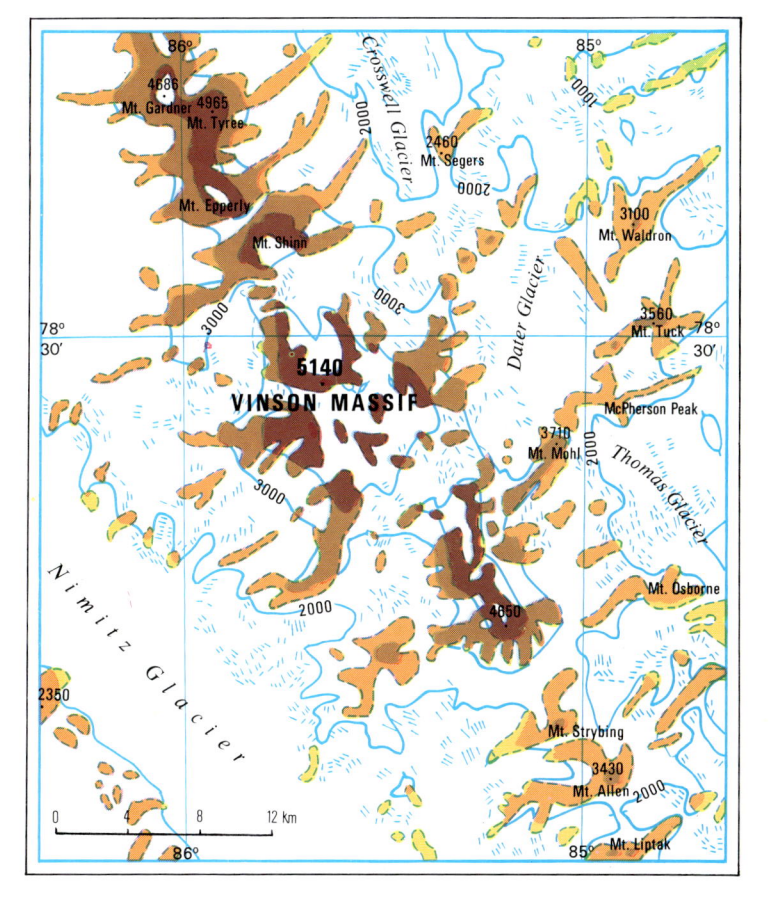

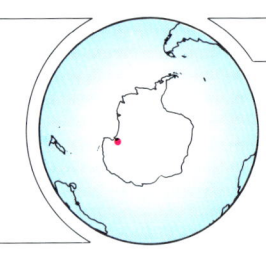

Der höchste aktive Vulkan

Mount Erebus, 3794 m

Aktiver Vulkan auf Ross Island, letzter Ausbruch im Jahre 1955. Der südlichste von allen bekannten aktiven Vulkanen der Welt.

Entdeckt wurde er am 28. 1. 1841, als er gerade aktiv war, von einer britischen Expedition unter der Führung von J. C. Ross. Benannt nach einem Schiff der Expedition. Den ersten Aufstieg zum Gipfel unternahm ein Teil der Expedition von E. Shackleton, auf dem Weg zum Südpol, am 10. 3. 1908 unter der Führung von T. W. Edgeworth David.

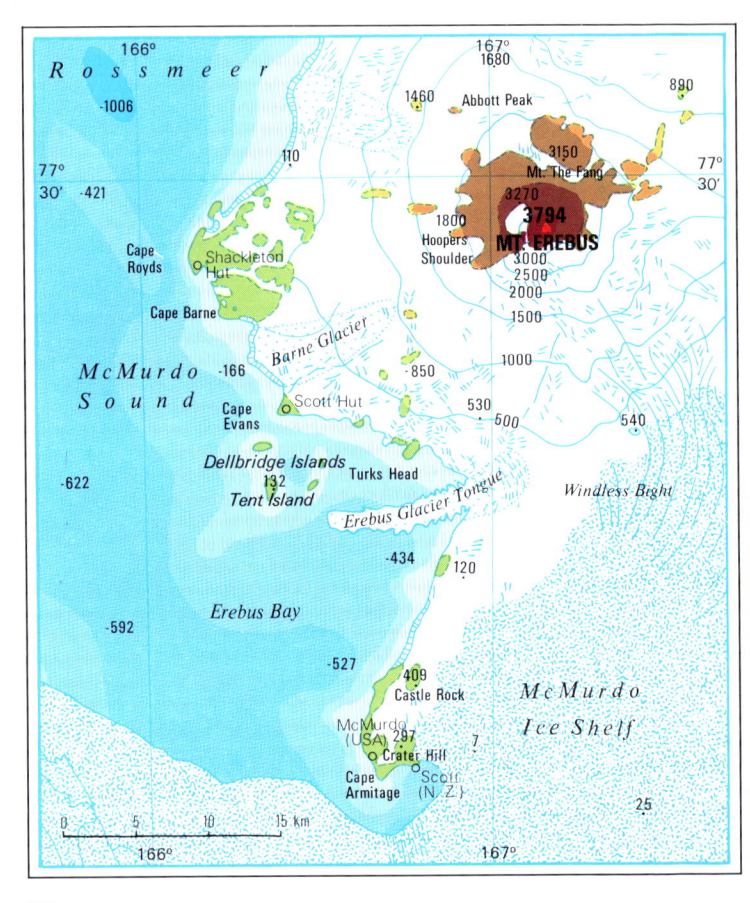

Der größte See

Algae Lake, Länge mehr als **15 km**
Figurnoe ozero (russisch)
Der unregelmäßig geformte See entstand in einer der Vertiefungen, die der Gletscher in der Felsunterlage gebildet hat. Er liegt in den Bunger Hills (Hügeln) an der Knox Coast (Küste).
Die größte antarktische Oase mit einer Fläche von 482 km² ist eines der Gebiete, die nicht mit Eis bedeckt sind und im Sommer oft auch schneefrei sind.

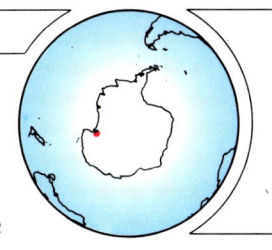

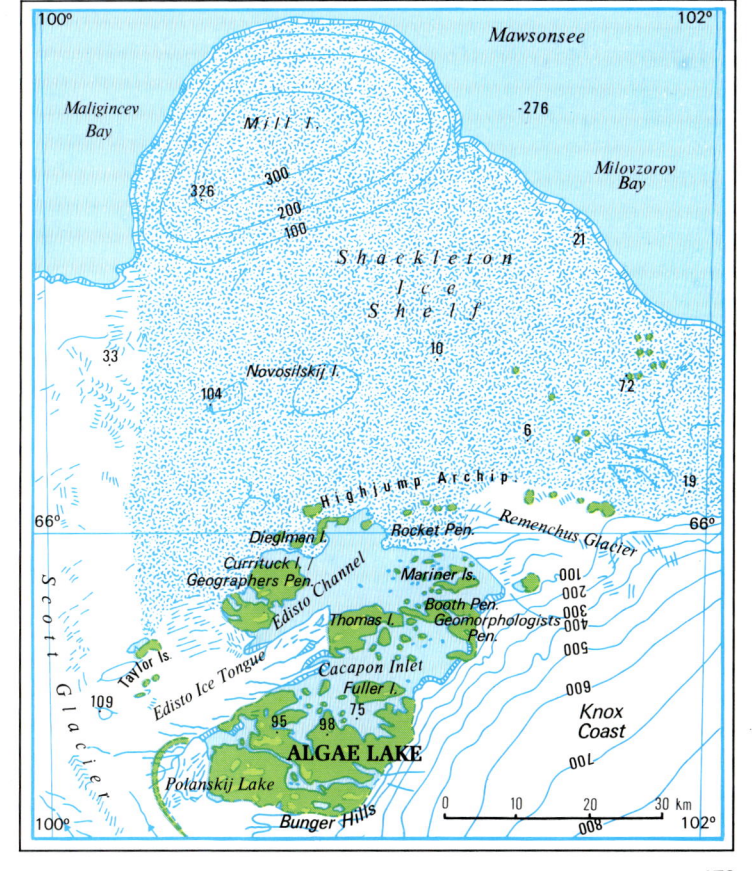

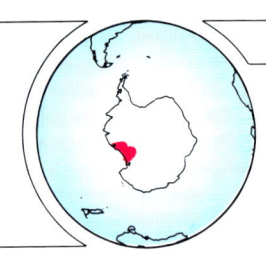

Der größte Küstengletscher

Ross Ice Shelf, 547 350 km²
Durchschnittliche Dicke 200 m, durchschnittliche Fließgeschwindigkeit des Gletschers 1240 m/Jahr.
Die Eismasse bedeckt den südlichen Teil des Rossmeeres. Den Rand bildet eine steile Wand, die sogenannte Ross-Eisbarriere mit einer Länge von ungefähr 900 km und 35–50 m über dem Meeresspiegel.
In der Zone des durchgehenden Eises bleibt die Eisdecke zu 80–90 % auch im Sommer erhalten.

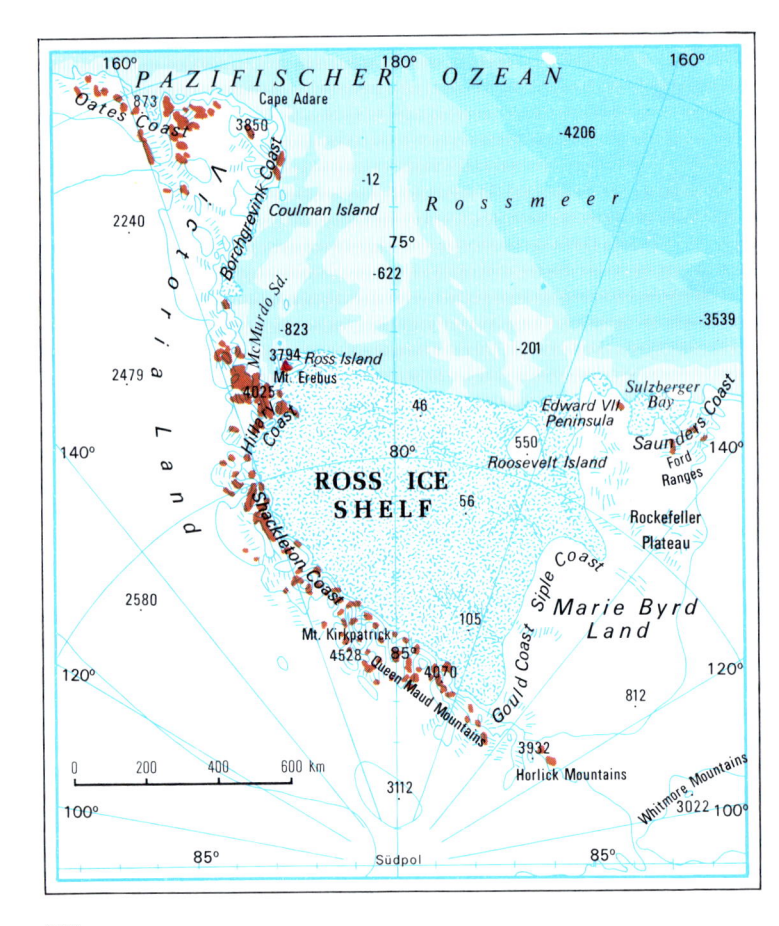

Der größte Gletscherstrom

Lambert Glacier, Länge ungefähr **470 km**
Breite ungefähr **45 km**
Der größte Gletscherstrom der Erde.
Er fließt aus dem zentralen Teil des Tales des Internationalen geophysikalischen Jahres und mündet im Amery Ice Shelf in der Prydz Bay an der östlichen Küste der Antarktika.
Die Fließgeschwindigkeit der Eismasse ist 400–500 m/Jahr.
Entdeckt wurde er von der Besatzung eines australischen Flugzeugs 1956/57.

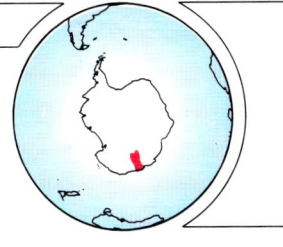

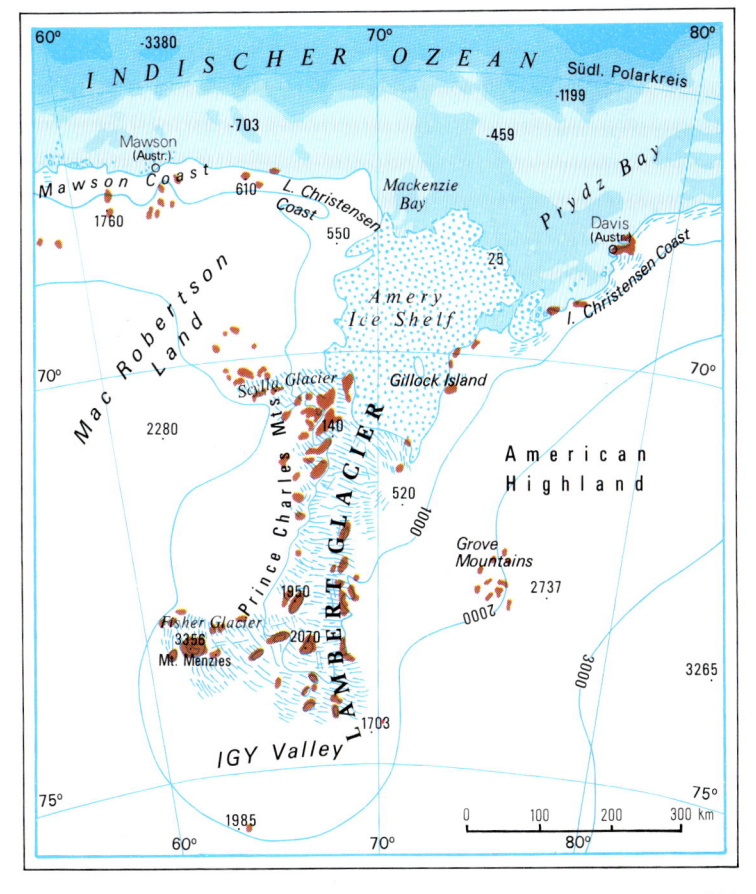

Register

Die meisten Begriffe sind unter ihrem eigentlichen Namen zu finden, ohne geographische (Mount, Kap) oder Namenszusätze (de, dos).

Abay, Fluß 124
Acatenango, Vulkan 138
Aconcagua, Berg 68, 150, 154
Adamaoua, Hochland 124
Afrika 56
Akdžakaja, Depression 81
Agulhas, Kap 122
Al-Ghawr, Graben 80
Al-Lisan, Halbinsel 81
Albert, See 124
Aletschhorn 99
Alexander I., Insel 175
Alexandrina, See 170
Algae, See 179
Allegheny, Fluß 138
Alpen 102
Amazonas, Fluß 34, 36, 150
Amazonas-Tiefebene 90
Amur, Fluß 36, 114
Ancohuma, Berg 150
Anden, Gebirge 55, 68
Angara, Fluß 39
Annapurna, Berg 114
Antarktika 53, 56
Antarktische Halbinsel 176
Apurimac, Fluß 34, 150
Arabien 66
Arabisches Meer 26
Arafurasee, Meer 26
Araguaia, Fluß 150
Aralsee 41, 114
Argentino, See 150
Aril, Fluß 36
Arkansas, Fluß 138
Arktičeskij, Kap 113
Arnhem Land, Halbinsel 165
Ar-Rub' al-khali, Wüste 85
Asien 56
Askja, Vulkan 99
Asowsches Meer 23
As-Sahra'an-Nubah, Wüste 85
As-Sahra'ash-Sharqiyah, Wüste 85

Assal, Depression 81, 127
Atacama, Wüste 85
Atacamagraben 69
Athabasca, Fluß 138
Athabasca, See 138
Atlantischer Ozean 23, 26
Ätna, Vulkan 99, 104
Australien 57
Auzangate, Berg 150
Axel Heiberg, Insel 138

B

Baba, Kap 113
Badwater, Salzbecken 142
Badiyat ash-Sham, Wüste 85
Baffin Bay 26
Baffin, Insel 59, 138
Bahr al-Asraq, Fluß 124
Baikal (Bajkal), See 39, 114
Bajdarata, Fluß 98
Baker Canal 31
Balaton, See 99
Balchaš, See 114
Balls Pyramide, Insel 59
Bananal, Insel 59
Bangweulu, See 124
Banks, Insel 138
Barentsøya, Insel 109
Barentssee 23, 26
Barlee, See 163
Barre des Écrins, Berg 99
Bartholomew Deep 69
Barwon, Fluß 163
Bathurst, Insel 138
Batu, Berg 124
Bay of Fundy, Bucht 32
Beaverhead, Fluß 144
Beerenberg, Vulkan 99
Belaja, Fluß 99
Beloe, See 99
Ben Sekka, Kap 122
Beringmeer 26

Berner Alpen 110
Bernina, Berg 99
Bioko, Insel 124
Birkat Qarun, Depression 81
Bjargtangar, Kap 98
Black Volta, Fluß 124
Blackburn, Berg 138
Blanc/Bianco, Berg 99, 103
Blauer Nil, Fluß 124
Boeng Tônlé Sab, See 114
Bona, Berg 138
Bonete, Berg 150
Borneo, Insel 59, 114, 115
Bosporus, Meeresstraße 29
Bougainville, Insel 163
Bouvetøya, Insel 64
Brahmaputra, Fluß 36, 114
Branco, Kap 149
Buahit, Berg 124
Buenos Aires, See 150
Bunger Hills 179
Buru, Kap 113
Busso de le Lume, Schlucht 91
Byron, Kap 162

C
Cachi, Berg 150
Cameroon, Vulkan 124
Campbell, Insel 162
Canoas, Fluß 150
Caqueta, Fluß 150
Carrao, Fluß 44
Caymangraben 23
Celebes, Insel 59, 114
Čeljuskin, Kap 113
Cerfs, Insel 122
Ceylon, Insel 114
Chang Jiang, Fluß 36, 114, 118
Chanka, See 114
Charles, Kap 136
Chatham Strait, Fjord 31
Chiloé, Insel 150
Chimborazo, Berg 76
Cho Oyu, Berg 114
Chourun-Martin, Schlucht 91
Christmas Island 63

Churchill, Fluß 138
Citlaltépetl, Berg 138
Colima, Vulkan 138
Colón, Archipel 149
Colorado, Fluß 88, 138
Columbia, Fluß 138
Congo, Fluß 36, 124
Cook, Berg 163
Cooper Creek, Fluß 163
Cotacachi, Vulkan 150
Cotopaxi, Vulkan 79, 150
Cubango, Fluß 124
Čudskoe, See 99
Cueva de los Verdes, Grotte 93
Cuquenan, Wasserfall 45

D
Daji Dong, Grotte 93
Dana, Insel 113
Darling, Fluß 163, 170
Darwin, Gletscher 158
Daryacheh-ye-Orumiyeh, See 114
Dashen Terara, Berg 124
Death Valley 81, 142
Denakil, Depression 81
Dent Blanche, Berg 99
Desaguadero, Fluß 42
Desna, Fluß 99
Devon, Insel 138
Dežneva, Kap 113
Dhawalagiri, Berg 114
Diamantinatiefe 23
Diego Ramirez, Insel 149
Dnepr, Fluß 99
Dnestr, Fluß 99
Dom, Berg 99
Domica, Grotte 93
Don, Fluß 99
Donau, Fluß 99
Dongting Hu, See 114
Drakestraße, Meerenge 28
Džungarskije Vorota
 (Dsungarische Pforte) 65

E
East Falkland, Insel 150

Edgeøya, Insel 99, 109
Eiger, Berg 99
Eisriesenwelt, Höhle 93
Elbe, Fluß 99
Elbert, Berg 138
Elgon, Berg 124
Ellsmere, Insel 59, 138
Ellsworth, Gebirge 173
Emi Koussi, Berg 82
Enisej, Fluß 114
Enriquillo, Depression 81
Erebus, Vulkan 178
Erie, See 40, 138
Etna, Vulkan 99, 104
Euphrat, Fluß 114
Eurasisches Becken 23, 77
Europa 57
Europäisches Nordmeer 26
Évboia, Insel 99
Everest, Berg 72, 114
Eyre, See 81, 163, 169

F
Falso Azufre, Berg 150
Feuerland, Insel 150, 151
Figurnoe, See 179
Finnische Seenplatte 43
Finsteraarhorn, Berg 99
Fligeli, Kap 98
Flint Ridge, Gebirge 92
Flissingskij, Kap 98
Fly, Fluß 163
Foraker, Berg 138
Forward, Kap 149
Frome, See 163
Fuego, Vulkan 138
Fuerteventura, Insel 124

G
Gairdner, See 163
Galápagos-Inseln 149
Galite, Insel 122
Gallinas, Kap 149, 152
Ganges, Fluß 36, 114
Gasherbrum (Hidden Pk.), Berg 114
Gávdhos, Insel 98

Geiranger, Fjord 31
Gelber Fluß 114
Genfer See 99
Giant, Geysir 49
Gibson, Wüste 85
Giétroz, Wasserfall 45
Glittertind, Berg 101
Gobi, Wüste 85
Golf von Bengalen 25, 26
Golf von Mexiko 26
Gorda, Vulkan 99
Gotland, Insel 99
Gran Bajo de San Julián 81
Gran Canaria, Insel 124
Gran Paradiso, Berg 99
Grand Canyon, Tal 88
Grand Combin, Berg 99
Grande, Fluß 150
Grande, Wasserfall 45
Great Artesian Basin 51
Great Barrier Reef 62
Great Bear Lake 138
Great Britain, Insel 59, 99, 100
Great Salt Lake 41
Great Sandy Desert, Wüste 85
Great Slave Lake 138
Grönland, Insel 55, 58, 59, 138, 146
Grönländisches Meer 26
Großbritannien, Insel 59, 99, 100
Große Seen 40, 145
Große Sundainseln 60, 115
Großer Aletschgletscher 110
Großes Artesisches Becken 51
Guadalcanal, Insel 163
Guajira, Halbinsel 152
Guallatiri, Vulkan 78, 150
Güsgundag, See 41

H
Hafun, Kap 122
Hainan Dao, Insel 114
Haiti, Insel 138
Hardangerfjorden 31

Hawaii, Insel 74, 163, 168
Hekla, Vulkan 99
Heritage Range, Berge 177
Himalaja, Gebirge 70, 73
Hispaniola, Insel 138
Hokkaido, Insel 114
Hongze Hu, See 114
Honschu, Insel 59, 114
Hooker, Kap 122
Hrebet Akademii Nauk 54
Huang He, Fluß 114
Huascarán, Berg 150
Hudson Bay 25, 26
Huron, See 40, 138

I

Iguacu, Wasserfall 46
Ijsselmeer See 99
Illampur, Berg 150
Illimani, Berg 150
Il'men, See 99
Imandra, See 99
Inarijärvi, See 99
Indischer Ozean 21, 23, 26
Indus, Fluß 114
Inscription, Kap 162
Irland, Insel 99
Irrawaddy, Fluß 36
Irtyš, Fluß 114
Isabela, Insel 150
Island, Insel 50, 59, 99
Issyk-Kul, See 114
Istanbul Bogazi 29
Isthmus von Panama, Landenge 21, 67
Iztaccihuatl, Berg 138

J

Jackson, Berg 176
Jamaica, Insel 138
Jangtsekiang 118
Japangraben 23
Japanisches Meer 26
Japurá, Fluß 150
Jarid, See 124
Java, Insel 59, 114
Javagraben 23

Jaya, Berg 163, 166
Jefferson, Fluß 144
Jenisej, Fluß 36, 114
Jerba, Insel 124
Jordangraben 80
Juba, Fluß 124
Jungfrau, Berg 99, 110
Juruá, Fluß 150

K

Kagera, Fluß 124, 130
Kalaalit Nunaat, Insel 55, 58, 59, 138, 146
Kalahari, Wüste 85
Kalimantan, Insel 59, 114, 115
Kallavesi, See 99
Kama, Fluß 99
Kanchenjunga, Berg 114
Karagie, Depression 81
Karakum, Wüste 85
Karibisches Meer 23, 26
Karisimbi, Berg 124
Kasai, Fluß 124
Kaspisches Meer 38, 114
Kaundy, Depression 81
Kennedy, Berg 138
Kenya, Berg 124
Kerinci, Vulkan 114
Kermadecgraben 23
Khône, Wasserfall 45
Kibo, Berg 124, 128
Kilauea, Vulkan 163
Kilimanjaro, Gebirge 124, 128, 129
Kinabalu, Berg 115
King Georg VI, Wasserfall 45
King William, Insel 138
Kiritimati, Atoll 63
Kiwu, See 124
Kleine Sundainseln 60
Ključevskaja, Vulkan 114, 116
Knox, Küste 179
Kolgujev, Insel 99
Komoren, Insel 124
Kongo, Fluß 36, 124
Kongobecken 124
Korallenmeer 23, 26
Kordilleren, Gebirge 55, 68

Korsika, Insel 99
Kosciusko, Berg 163, 167
Krakatau, Vulkan 79
Krásnohorská, Grotte 93
Kreta (Kriti), Insel 99
Kronockaja, Vulkan 114
Kuba, Insel 59, 138
Kudarebe, Kap 149
Kure Atoll, Insel 162
Kurilengraben 23
Kyushu, Insel 114
Kyzylkum, Wüste 85

L
La Meije, Berg 99
Labrador, Halbinsel 139
Labradorsee 26
Lachlan, Fluß 163
Ladogasee 99, 107
Ladožskoe, See 99, 107
Laki, Vulkan 79
Lambert Glacier 55, 181
Lascar, Vulkan 150
Lednik Fedčenko, Talgletscher 54
Léman, See 99
Lena, Fluß 36, 114
Lhotse, Berg 114
Lhotse Shar, Berg 114
Limpopo, Fluß 124
Line, Inselgruppe 63
Livingstone, Wasserfall 45
Llullaillaco, Vulkan 69, 150
Lofoten, Inselgruppe 30
Logan, Berg 138
Loire, Fluß 99
Lomami, Fluß 124
Lord Howe Island, Insel 59
Lost Sea 41
Lualaba, Fluß 124
Luapula, Fluß 124
Lucania, Berg 138
Luvua, Fluß 124
Luzon, Insel 59, 114

M
Maas, Fluß 99
Mackenzie, Fluß 138
MacLeod, See 163
Madagaskar, Insel 59, 125
Madeira, Fluß 150
Makalu, Berg 114
Malaiische Inselgruppe 60
Malakkastraße 27
Mälaren, See 99
Malawi, See 124
Malghir, Salzsee 124
Mallorca, Insel 99
Mammoth, Höhle 92
Mamoré, Fluß 150
Manam, Vulkan 163
Manapouri, See 163
Manaslu, Berg 114
Mandala, Berg 163
Manitoba, See 138
Manitoulin, Flußinsel 59
Manitoulin, See 41
Maracaibo, See 150, 156
Marajó, Flußinsel 37, 59, 150
Mardalsfossen, Wasserfall 45
Margherita Peak, Berg 124
Marianengraben 22, 23
Mariato, Kap 136
Maromokotro, Berg 125
Marroqui, Kap 98
Mata Kawa, Insel 162
Matterhorn, Berg 99
Mauna Kea, Berg 74, 163
Mauna Loa, Vulkan 163, 168
Mauritius, Insel 124
Mawenzi, Berg 124
McKinley, Berg 138, 140
Mekong, Fluß 36, 114
Melghir, Depression 81
Melville, Insel 138
Mercedario, Berg 150
Meru, Vulkan 124, 128
Mesa de Anahuac, Gebirge 141
Mesier, Fjord 31
Meuse, Fluß 99
Michigan, See 40, 138
Mindanao, Insel 114
Mirim, See 150

Misool, Insel 162
Mississippi, Fluß 36, 138, 144
Missouri, Fluß 138, 144
Mittelländisches Meer 23, 26
Morris Jesup, Kap 136
Munkhafad al Quattarah, Depression 81, 82
Murallón, Berg 158
Murchison, Kap 136
Murray, Fluß 163, 170
Murrumbidgee, Fluß 163
Mweru, See 124
Mys Čeljuskin, Kap 113

N
Nadelkap 122
Nanga Parbat, Berg 114
Nansenbecken 23
Naryn, Fluß 114
Negro, Fluß 150
Nelson, Fluß 138
Nepa, Fluß 114
Nerja, Grotte 93
Nettilling, See 138
Neufundland, Insel 59, 138
Neuguinea, Insel 59, 163, 164
Neukaledonien, Insel 163
Neuseeland 59, 163
New Britain, Insel 163
New Ireland, Insel 163
Ngaliema, Wasserfall 45
Ngauruhoe, Vulkan 163
Ngazidja, Insel 124
Niagara-Fälle 40, 45, 146
Nicaragua, See 138
Niger, Fluß 36, 124
Nil, Fluß 124, 129, 130
Nildelta 81
Nipigon, See 138
Nižnjaja Tunguska, Fluß 114
Nordamerika 56
Nordaustlandet, Insel 99, 109
Nordkinn, Kap 98
Nordostrundingen, Kap 136
Nordpolarmeer 21, 23, 26, 52
Nordsee 23, 26

Nordvestfjord 30
Novaja Zemlja, Insel 99
Nudo Coropuna, Berg 150
Nyamaragira, Vulkan 124
Nyasa, See 124
Nyiragongo, Vulkan 124

O
Ob, Fluß 36, 114
Ochotskisches Meer 26
Ogasawaragraben 23
Ohio, Fluß 138
Ojmjakon 56
Ojos del Salado, Berg 150
Oka, Fluß 99
Old Faithful, Geysir 48
Onežskoe (Onegasee) 99
Onon, Fluß 114
Ontario, See 40, 138
Orange, Fluß 124
Orinoco, Fluß 36, 150
Orizaba, Berg 138
Orohena, Berg 163
Ortles, Berg 99
Oslofjorden 31
Osterinsel 64
Ostsee 23, 26
Ostsibirische See 23, 26
Oulujärvi, See 99

P
Päijänne, See 99
Paraguay, Fluß 150
Paraná, Fluß 150
Parinas, Kap 149
Parnaiba, Fluß 150
Pascua, Insel 64
Patos, See 150
Pazifischer Ozean 21, 23, 26
Peace, Fluß 138
Pečora, Fluß 99
Pegunungan Maoke, Gebirge 166
Pelvoux, Berg 99
Persischer Golf 21, 26
Phaltschan Kangri (Broad Pk.), Berg 114
Philippinengraben 23

Philippinenmeer 23, 24, 26
Pielinen, See 99
Pissis, Berg 150
Plattensee 99
Pointe des Almadies, Kap 122
Poopó, See 150
Popocatépetl, Vulkan 138, 141
Porsangerfjord 31
Poyang Hu, See 114
Prikaspijskaja nizmennosť, Tiefebene 81, 105
Prince of Wales, Insel 138
Prince of Wales, Kap 136
Prince Patrick, Insel 138
Prins Karls Forland, Insel 109
Pskovskoe, See 99
Puerto-Rico-Graben 23
Puracé, Vulkan 150
Purus, Fluß 150

Q

Qaidam Pendi, Wüste 85
Qing Zang, Plateau 86
Qinghai Hu, See 114
Qogir reng (K2), Berg 114
Qomolangma Feng, Berg 72, 114

R

Radhiot Pic, Grotte 93
Rainier, Berg 138
Ratmanova, Insel 113
Red, Fluß 138
Red Rock, Fluß 144
Reindeer Lake, See 138
Réseau Jean Bernard, Grotte 91
Réunion, Insel 124
Reventador, Vulkan 150
Rhein, Fluß 99
Ribbon Falls, Wasserfall 45
Rindjani, Vulkan 114
Rio de la Plata, Fluß 36
Rio Grande, Fluß 138
Roca, Kap 98
Roe, Fluß 36
Romanchegraben 23
Rosa, Berg 99, 102

Ross Ice Shelf, Gletscher 55, 180
Ross Island, Insel 178
Rotes Meer 21, 26
Ruapehu, Vulkan 163
Rudolf, See 124
Ruiz, Vulkan 150
Rukwa, See 124
Ruwenzori, Berg 124

S

Sachalin, Insel 27, 114
Sagarmatha, Berg 72, 114
Sahara, Wüste 82, 84, 85
Saimaa, See 43, 99
Sajama, Berg 150
Sala-y-Gomez, Insel 162
Salar de Uyuni, Salzbecken 150
Salina Qualicho, Depression 81
Salinas Grandés, Depression 81, 153
Salto das Sete Quedas, Wasserfall 45
Salto del Angel, Wasserfall 44, 45
Salton Sea, Depression 81
Salwin, Fluß 114
San Blas, Inselgruppe 59
Sanford, Berg 138
Sangay, Vulkan 150
Sansibar, Insel 124
Santo Antao, Insel 122
Sao Francisco, Fluß 150
Sarawak Chamber, Höhle 93
Sardinien, Insel 99
Sarykamyšskoe, See 81
Saskatchewan, Fluß 138
Schneeberge 167, 170
Schwarzes Meer 26
Scoresby Sound 30
Scott Glacier 26
Seeland, Insel 99
Sefton, Berg 163
Segozero, See 99
Semeru, Vulkan 114
Sentinel Range, Berge 177
Seram, Insel 114
Service Steamboat, Geysir 49
Severnaja Dvina, Fluß 99
Severnaja Zemlja, Gletscher 120

Shasta, Berg 138
Šilka, Fluß 114
Simpson, Wüste 85, 169
Sizilien, Insel 99, 104
Sjaelland, Insel 99
Skandinavische Halbinsel 101
Skelton Inlet, Fjord 31
Snake, Fluß 138
Snowy Mountains 167, 170
Sognefjorden 31
Somali-Halbinsel 126
Somerset, Insel 138
Sotano del Barro, Schlucht 91
South East Point, Kap 162
Southampton, Insel 138
Spitsbergen, Gletscher 108
Spitzbergen, Inselgruppe 99
Spitzbergen, Insel 108, 109
Sri Lanka, Insel 114
St. Elias, Berg 138
St. Lawrence, Fluß 138
Stanley, Wasserfall 45
Steep Point, Kap 162
Stromboli, Vulkan 99
Süd-Sandwichgraben 23
Südamerika 56
Südchinesisches Meer 26
Suhona, Fluß 99
Sul, Insel 149
Sulawesi, Insel 59, 114
Sumatra, Insel 59, 114
Superior, See 40, 138, 145
Suqutra, Insel 124
Surtsey, Insel 59
Sutherland, Wasserfall 45
Svalbard, Inselgruppe 99, 108, 109
Syrdarja, Fluß 114
Šilka, Fluß 114

T
Taiwan, Insel 114
Tajmyr, See 114
Tajumulco, Berg 138
Takakkaw, Wasserfall 45
Taklimakan Shamo, Wüste 85
Talo, Berg 124

Tambora, Vulkan 79
Tana, See 124
Tanganyika, See 124, 134
Tapajós, Fluß 150
Tarim, Fluß 114
Tasman, Berg 163
Tasmania, Insel 163
Tasmansee 23, 26
Tatarischer Sund 27
Taupo, See 163
Teide, Vulkan 124
Tenerife, Insel 124
Thomson, Fluß 163
Tibet, Plateau 86
Tierra del Fuego, Insel 150, 151
Timor, Insel 114
Tisza, Fluß 99
Titicaca, See 42, 150, 157
Tocantins, Fluß 150
Tocorpuri, Berg 150
Toluca, Berg 138
Tombara, Insel 163
Tongagraben 23
Topozero, See 99
Torngat, Gebirge 139
Toro, Berg 150
Torrens, See 163
Totes Meer, See 80, 81
Transantarkisches Gebirge 173
Trikora, Berg 163
Trinidad, Insel 150
Trondheimsfjorden 31
Tschad, See 124
Tugela, Wasserfall 45
Tupungato, Berg 150
Turpan Pendi, Depression 81

U
Uaupés, Fluß 150
Ubangi, Fluß 124
Ubinas, Vulkan 150
Ucayali, Fluß 34, 150
Uele, Fluß 124
Uhuru, Berg 124, 128
Ulawun, Vulkan 163
Unjamwesibecken 132

Upernavik Icefjord 31
Ural, Fluß 99
Ural, Gebirge 98
Uruguay, Fluß 150
Uvs nuur, See 114

V

Vajgač, Insel 99
Van Gölu, See 114
Vancouver, Berg 138
Vancouver, Insel 138
Vanderfjord 31
Vänern, See 99
Vanua Levu, Insel 163
Varangerfjorden 31
Vättern, See 99
Vestfjorden 30, 31
Vesuv, Vulkan 79, 99
Victoria, Insel 59, 138
Victoria, See 124, 132
Vinson Massif, Gebirge 177
Viso, Berg 99
Viti Levu, Insel 163
Vjatka, Fluß 99
Volga, Fluß 99, 106
Volta, Fluß 124
Vulkangraben 23
Vyčegda, Fluß 99
Vygozero, See 99

W

Waddington, Berg 138
Wādi an-Natrun, Depression 81
Wahat Siwah, Depression 81
Waimangu, Geysir 47

Webi Shebele, Fluß 124
Weddelmeer 23, 26
Weihnachtsinsel 63
Weißhorn, Berg 99
Wellington, Insel 150
West Falkland, Insel 150
Whitney, Berg 138
Wilhelm, Berg 163
Wilkesland 173
Winnipeg, See 138
Winnipegosis, See 138
Wisla, Fluß 99
Wolga, Fluß 99, 106
Wood, Berg 138
Wrangell, Kap 136
Wrangell, Vulkan 138

X

Xingu, Fluß 150
Xixabangma Feng, Berg 114

Y

Yam Kinneret, Depression 81
Yangtze, Fluß 118
Yellowstone National Park 49
Yerupaja, Berg 150
York, Kap 162
Yosemite, Wasserfall 45
Yukon, Fluß 138

Z

Zaire, Fluß 36, 124
Zambezi, Fluß 124
Zanzibar, Insel 124
Zapadnaja Dvina, Fluß 99